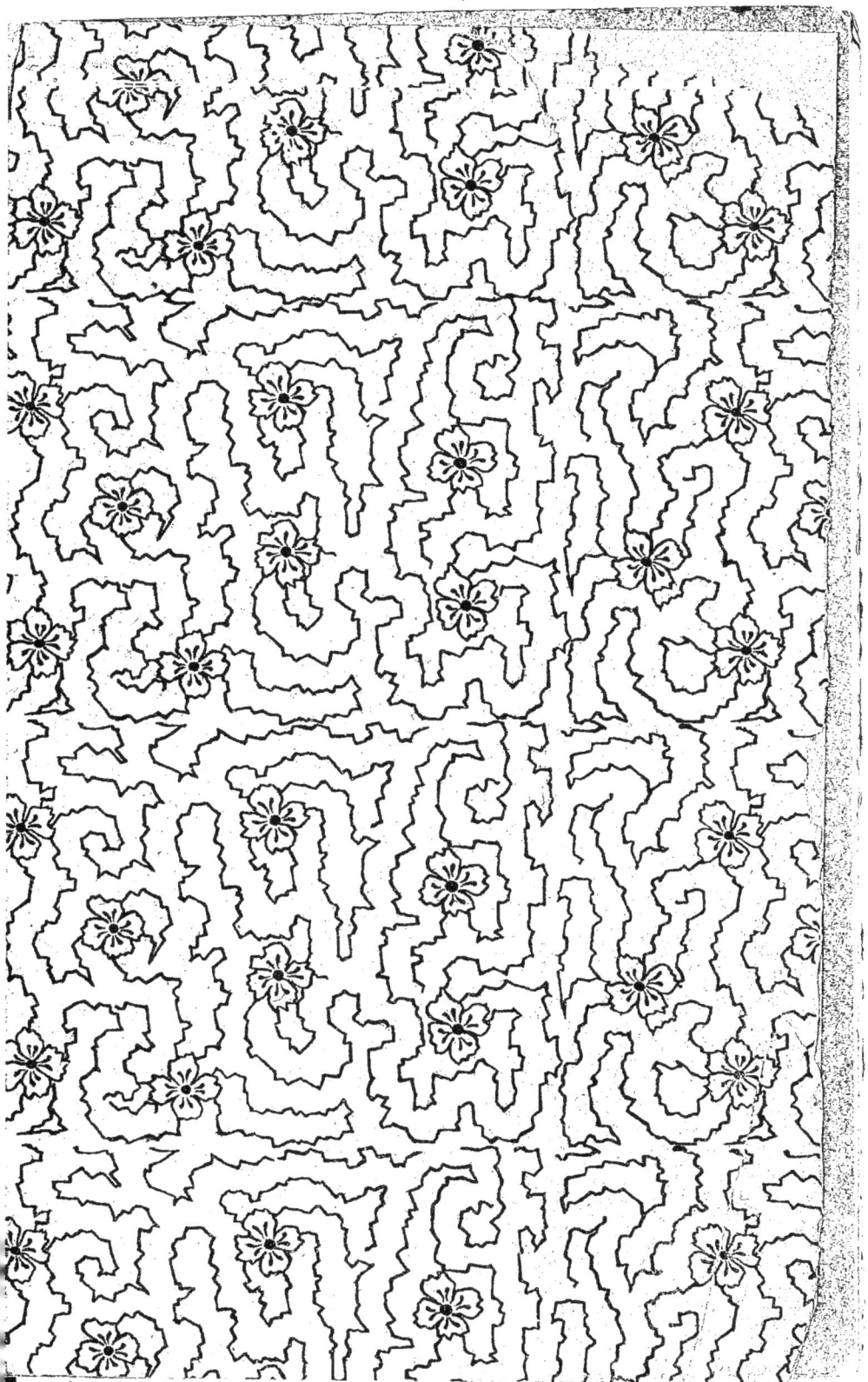

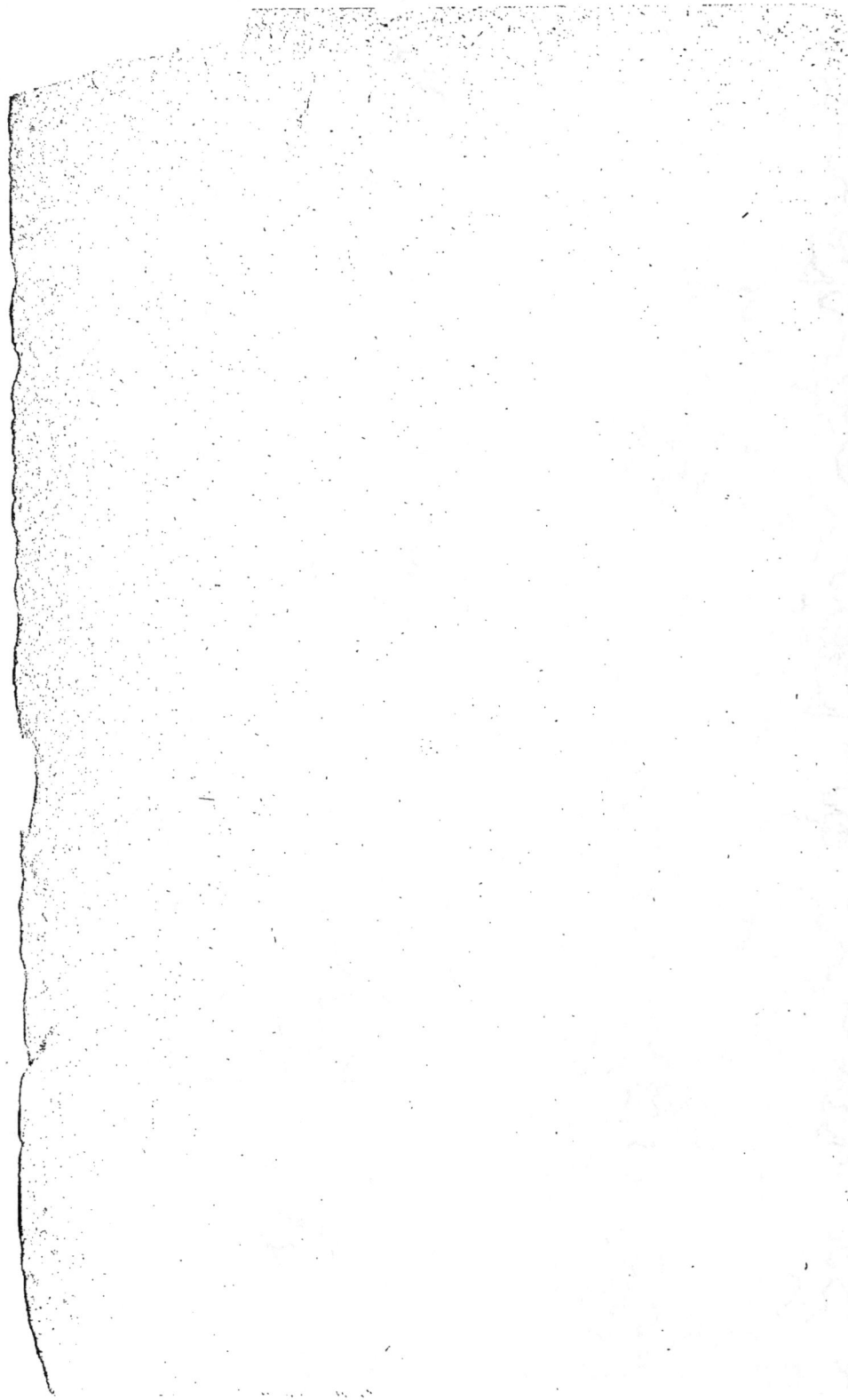

UNIVERSITÉ DE FRANCE

J.-A. DE THOU

SON HISTOIRE UNIVERSELLE

ET SES DÉMÊLÉS AVEC ROME

THÈSE POUR LE DOCTORAT

PRÉSENTÉE A LA FACULTÉ DE THÉOLOGIE DE PARIS, EN SORBONNE

PAR

M. l'abbé Joseph RANCE

DU CLERGÉ DE SENS

—————•>>>×<<<•—————

SOCIÉTÉ GÉNÉRALE DE LIBRAIRIE CATHOLIQUE

PARIS	BRUXELLES
VICTOR PALMÉ, DIRECTEUR GÉNÉRAL	J. ALBANEL, DIRECT. DE LA SUCCUR.
76, rue des Saints-Pères, 76	12, rue des Paroissiens, 12

GENÈVE
HENRY TREMBLEY, LIBRAIRE-ÉDITEUR
4, rue Corraterie, 4

1881

UNIVERSITÉ DE FRANCE

J.-A. DE THOU

SON HISTOIRE UNIVERSELLE

ET SES DÉMÊLÉS AVEC ROME

THÈSE POUR LE DOCTORAT

PRÉSENTÉE A LA FACULTÉ DE THÉOLOGIE DE PARIS, EN SORBONNE

PAR

M. l'abbé Joseph RANCE

DU CLERGÉ DE SENS

———— ›››✕‹‹— ————

SOCIÉTÉ GÉNÉRALE DE LIBRAIRIE CATHOLIQUE

PARIS	BRUXELLES
VICTOR PALMÉ, DIRECTEUR GÉNÉRAL	J. ALBANEL, DIRECT. DE LA SUCCUR.
76, rue des Saints-Pères, 76	12, rue des Paroissiens, 12

GENÈVE

HENRY TREMBLEY, LIBRAIRE-ÉDITEUR
4, rue Corraterie, 4

—

1881

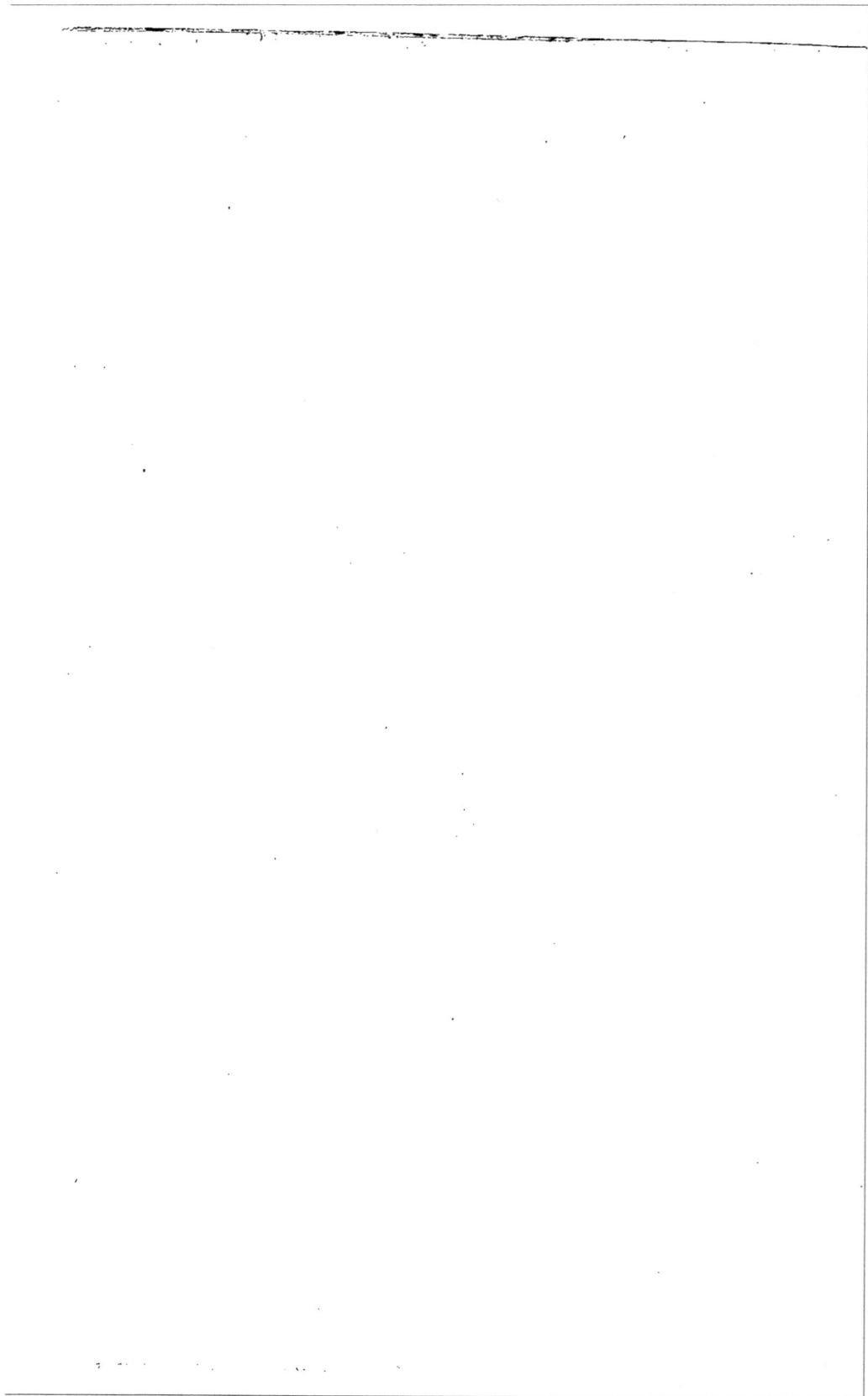

INTRODUCTION

En abordant cette étude sur la vie et les œuvres historiques du président J.-A. de Thou, j'éprouve une crainte assez vive. Ce n'est, en effet, qu'avec un profond respect que l'on doit toucher à ces grandes figures du seizième siècle. Néanmoins ce qui me rassure, c'est que personne n'est au-dessus de la vérité, et que plus un homme a été richement doué par la Providence, plus il est coupable, s'il vient à prêter son concours à l'erreur.

Je rendrai donc, sans arrière-pensée, hommage au talent du président, au soin qu'il mit à recueillir les documents qui pouvaient lui servir à composer son histoire, dans un temps où les recherches étaient difficiles et coûteuses ; mais, à côté des éloges justement mérités et largement distribués, il me sera permis de faire place aux critiques.

En parcourant les œuvres de J.-A. de Thou et, en particulier, sa correspondance, l'écho le plus

fidèle de ses pensées, on est plus d'une fois
douloureusement surpris. On acquiert, il est vrai,
la preuve qu'il est animé d'un amour ardent pour
tout ce qui touche à l'érudition ; qu'il a, au plus
haut point, cette heureuse curiosité du chercheur,
qui ne laisse échapper aucune occasion d'obtenir
un renseignement ou un éclaircissement, mais
pourquoi faut-il y rencontrer trop souvent la trace
bien marquée de préjugés et d'idées préconçues !
Sans doute, ces préjugés étaient alors très répandus ; mais combien l'histoire de J.-A. de Thou,
déjà si belle, aurait-elle gagné en noblesse et en
grandeur, si le président avait su se maintenir
dans les régions supérieures, sans prendre part
aux querelles toujours plus ou moins mesquines
des partis ?

Il n'en est malheureusement pas ainsi, et l'on a
même pu mettre en suspicion l'orthodoxie de
notre historien. Je ne pense pas cependant qu'on
ait eu raison.

A chaque instant, de Thou se déclare catholique ; il l'était, je le crois, et profondément. Il
proteste de son orthodoxie jusque dans son tes-
tament ; et jamais il n'est permis de douter de la
parole d'un mourant, ce n'est pas le moment que
l'on choisit pour placer un mensonge, une telle
monstruosité répugne absolument.

Eh bien ! de Thou, catholique du fond du cœur,
tient, à l'égard de la cour de Rome, la conduite

la plus surprenante. Qu'un protestant fasse peu
de cas d'un jugement du Pape, on le comprend,
il ne reconnaît pas en lui l'autorité suprême
devant laquelle il doit s'incliner; mais qu'un
catholique, tout en reconnaissant cette autorité
et en affirmant qu'il est prêt à s'y soumettre, fasse
tous ses efforts pour la décliner et refuse l'acte de
soumission qu'elle lui demande, voilà ce qui doit
étonner, à juste titre. Lorsque la Congrégation de
l'Index est saisie du jugement de son Histoire,
de Thou offre lui-même de corriger certains passages, dont il sent l'exagération ; puis, peu à peu,
sous je ne sais quelle influence, il retire ses promesses, il s'abrite derrière le roi, essaie d'intimider la Congrégation, répète qu'il est un personnage important et que ses amis vengeront
l'injure qui lui sera faite, si on le condamne, enfin,
au nom de la science, se proclame supérieur à
tous les tribunaux, sauf à celui de la postérité,
dont il confisque à son profit le jugement.

Cette conduite mérite un blâme sévère, et l'on
est contraint de l'infliger à de Thou. Encore
une fois, si de Thou n'était pas catholique, cette
conduite se comprendrait, à la rigueur ; mais, étant
posées ses convictions religieuses, on ne peut
l'expliquer que par une défaillance impardon-
nable. S'exprimer ainsi, c'est aller contre l'opinion des protestants et de bien des savants
indifférents, aussi peu soucieux des droits de la

religion que les protestants eux-mêmes, mais que l'on veuille bien se placer au point de vue catholique, le seul qui soit le vrai dans cette querelle, que l'on peut nommer une querelle de famille, et l'on sera de cet avis. Il faut être catholique ou ne l'être pas et, dans le premier cas, accepter toutes les institutions de l'Église, même quand elles nous gênent et nous blessent dans notre amour-propre. En dehors même de l'idée religieuse, au point de vue purement naturel, on ne peut absoudre de Thou. Faire partie d'une société impose forcément l'obligation d'en observer les règlements, d'en exécuter les ordres : ou bien il faut obéir à ses lois, ou bien il faut en sortir. Le tort de J.-A. de Thou fut, tout en restant dans le catholicisme, de refuser l'obéissance à ses lois ; son tort fut non pas de nier leur autorité, mais de vouloir les éluder et, n'y ayant pas réussi, d'en nier la légitime application. L'on serait mal venu à défendre de Thou, en le représentant comme un partisan du libre examen : ce serait le charger encore, au lieu de lui être utile.

Il se proclame catholique en théorie, et dans la pratique, il n'est rien moins que cela ; aussi ce contraste entre ses principes et sa conduite laisse-t-il une ombre sur cette figure, d'ailleurs si noble et si vénérable. C'est une tache sur un manteau d'hermine, et bien habile serait celui qui la ferait disparaître ; on peut atténuer les torts du président, les attribuer en partie aux préjugés de son éducation, aux entraînements de la politique, mais il est impossible de les nier.

De Thou est un catholique inconséquent et illogique : c'est là sa grande faute.

INDICATIONS BIBLIOGRAPHIQUES

Jac. Augusti Thuani, *Historiarum sui temporis*, pars prima. — Parisiis, vidua Mamerti Patissonii in officium R. Stephani, 1604, in-fol.

Id. Parisiis, 1604, *Vidua Mamerti Patissonii*, 2 vol. in-8°.

1604-1608. — Parisiis, A. et H. Drouart, 2 part. et 6 livres supplémentaires en 5 vol. in-8°.

1606-1609. — Parisiis, A. et H. Drouart, 4 part., en 3 vol. in-fol.

1609-1614. — Jac. Aug. Thuani, *Hist. sui temporis*, libri CXXV. — Lutetiæ. H. Drouart, 4 parties, en 11 tomes reliés en 10 vol. in-12.

1618. Quatrième édit. Jac. Aug. Thuani, *Hist. sui temporis* libri LXXX de CXXXIII. — Lutetiæ, ex officina R. Stephani. 2 part. en 1 vol. in-folio.

Les livres 81 à 138 ont été mis au jour, pour la première fois, dans l'édition complète de Genève, chez de la Rovière, 1620, en 5 vol. in-folio, laquelle a été entièrement effacée par celle de Londres, publiée sous ce titre :

Historiarum, libri CXXXVIII, ab anno 1546 ad annum 1607, quibus adjuncti sunt Nic. Rigaltii de rebus Gallicis libri tres et sylloge scriptorum varii generis et argumenti ad Thuanum vel Thuancam historiam pertinentium. Londini Sam. Buckley, 1733, 7 vol. in-folio (1).

TRADUCTIONS

En 1659, de Ryer publie une traduction partielle, en 3 vol. in-folio.

En 1742, paraît à Bâle, chez Brandmüller, une traduction, 11 vol. in-4°. Plus tard, sur l'édition de Londres, fut faite la traduction publiée en 16 vol. in-4° (Londres), par l'abbé Mascrier, Adam, Lebeau, l'abbé Desfontaines et l'abbé Leduc.

En 1759, Rémond de Saint-Albine publie un abrégé de cette traduction. 10 vol. in-12.

LES POÉSIES DE J.-A. DE THOU

De re accipitria, Paris, 1584, in-4°. Poème sur la Fauconnerie, dont les deux premiers chants paru-

(1) « Cette édition, la plus belle, la plus complète et la meilleure, est la seule que l'on recherche. » (Vid. Brunet, *Manuel du libraire*, in-8°, t. V. col. 840-841.)

rent à Bordeaux, en 1582, et le troisième, à Paris, en 1584.

Paraphrase en vers latins des Lamentations de Jérémie; elle parut en 1589 ou 1590 avec une épître dédicatoire au cardinal légat François Morosini.

L'Ecclésiaste, offert à Henri de Bourbon, prince des Dombes; 1589.

Paraphrase des six petits Prophètes, 1590.

Crambe, Viola, Lilium, Phlogis, Terpsinœ. Paris, in-4°, 1611.

Les Mémoires contiennent, en outre, plusieurs pièces de poésie, par exemple, *la Déroute de la Flotte d'Espagne,* une ode à Henri IV, etc., enfin le *Poème à la postérité,* dans lequel de Thou en appelle du jugement de Rome, au jugement de l'avenir.

OUVRAGES A CONSULTER

Histoire de J.-A. de Thou.
Ses Mémoires.
Durand. *Histoire du seizième siècle* (1725-1732).
Niceron. *Mémoires,* t. IX.
J. Collinson. *Life of Thuanus,* Londres in-8° (1809).
P. Chasles. *Discours sur la Vie et les Œuvres de J.-Aug. de Thou.* Paris, 1824.
Patin, *id.* Paris, 1824
O'Egger. *Éloge de de Thou,* 1824-27. Paris, in-12.

Düntzer. *De Thous Lieben*, scriften und hist. Kunst Darmstadt, 1837, in-8°.

Notices des éditeurs (en particulier celle de S. Buckley).

Poirson. *Histoire de Henri I V*, t. II. 2ᵉ partie.

Perrens. *L'Eglise et l'Etat sous Henri I V.* 2 in-8°.

Lemontey. *Notice sur l'historien de Thou.*

Estienne Pasquier. *Lettres* passim.

Malherbe. *Lettres* passim.

Hotman. *Franco-gallia.*

Sainte-Marthe. (*Eloge des Frères.*)

Correspondance de J.-A. de Thou.

Id. de Ubaldini.

Lettres françaises à M. de la Scala (1624). Harderwick.

Diction. biographiques, Didot, Michaud, Ladvocat, etc., etc.

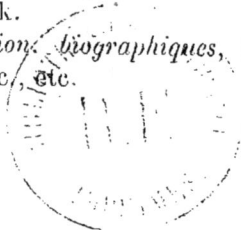

PREMIÈRE PARTIE

~~~~~~~~~

BIOGRAPHIE DE JACQUES-AUGUSTE DE THOU

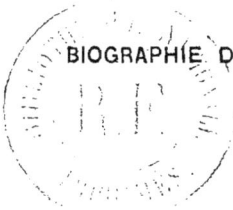

_____

I

**Sa naissance, sa jeunesse et ses premières
études.**

L'histoire de Jacques-Auguste de Thou
n'est plus à faire; lui-même a pris soin de
raconter sa vie et, par cet exposé de ses
actions, de répondre aux accusations de ses
ennemis. Il serait, ce me semble, bien inutile de refaire ses Mémoires (1), aussi je me

(1) Voici en quels termes un auteur récent, Philarète
Chasles, apprécie ces Mémoires : « Le juge et le narrateur de son siècle change de rôle et devient son peintre.
Il se prend au berceau et met le lecteur dans la con-
fidence de ses pensées, de ses desseins, de ses actions.
Les souvenirs de sa vie font naître à chaque instant
l'occasion de retracer en de vives esquisses quelques

contenterai de tracer en quelques pages la
vie du grand historien du seizième siècle.

Jacques-Auguste de Thou naquit à Paris,
le 8 octobre 1553, sur la paroisse de Saint-
André des Arts, où il fut baptisé. Son père,
Christophe de Thou, avait été successivement
conseiller et avocat du roi, au siège de la
Table de marbre, contrôleur en la chancel-
lerie, prévôt des marchands de la ville de
Paris.

La famille de Thou était originaire de
l'Orléanais et non de la Champagne (1),
où se trouvait jadis un château du même
nom. Elle était féconde en grands hommes,
qui se firent un nom, soit dans l'Eglise, soit

---

parties des mœurs de son époque, aussi n'est-il pas
d'ouvrage où se trouve une plus fidèle empreinte des
habitudes domestiques du seizième siècle. De Thou
crayonne en passant les portraits de ses contemporains,
simples ébauches précieuses pour la franchise du trait.
Des détails légers indiquent l'esprit général du temps :
les scènes de la vie commune donnent sur l'état de la
France, pendant les troubles, des lumières plus exactes
et plus piquantes que ne pourraient le faire des observations plus suivies et plus sévères. » (Philarète Chasles,
Essai sur de Thou, dans les études sur le seizième siècle,
1 vol. in-12. Charpentier, 1875, page 273.)

(1) Comme le prétend Ladvocat.

dans la magistrature. Un des oncles de Jacques-Auguste de Thou, Nicolas de Thou, était conseiller-clerc au Parlement, et plus tard, devenu évêque de Chartres, devait recevoir l'abjuration de Henri IV et le sacrer dans sa cathédrale, le 27 février 1594, Reims étant encore au pouvoir des ligueurs.

L'enfant vint au monde faible et délicat : « On eut bien de la peine à l'élever; des tranchées, une insomnie et des cris presque continuels firent appréhender de le perdre. On ne le nourrit pendant deux ans que de lait, parce qu'il avait pour toute sorte de bouillie une aversion invincible, qu'il a toujours eue depuis. Pour le sevrer, on se servait d'une certaine pâte, qui est en usage en Italie, faite avec de la mie de pain, de la farine de froment séchée au four et de l'huile d'olive; ce qui le rendit si délicat et si maigre que, jusqu'à l'âge de cinq ans, on désespéra de sa vie (1). »

A sa dixième année, on le mit cependant

(1) *Mémoires.* Rotterdam, chez Reinier-Leers, 1711, in-4°, p. 3. C'est toujours cette édition que je citerai.

au collège de Bourgogne, où il s'appliqua
avec ardeur à l'étude ; au bout d'un an il
tomba si gravement malade, que non seulement les médecins, mais aussi ses parents,
désespéraient de sa vie. Il ne fut sauvé que
par les soins d'une de ses parentes, Gabrielle
de Mareuil. Rentré au collège, il suivit les
leçons de Henri de Monantheuil, de Jean
Martin, de Marescot et de Pierre Duval. Il
ne garda pas un bon souvenir de ces années
de collège, car il déclare que c'est une faute
d'y mettre les enfants, d'accord en cela avec
Montaigne qui, dans ses *Essais*, condamne
hautement les « *escholes* » et s'exprime, sur
leur compte, avec une vigueur satirique, qui
n'est pas dans ses habitudes (1).

(1) Il ne sera pas sans intérêt de rapprocher l'opinion
de ces deux grands hommes :

De Thou, dans ses Mémoires, s'exprime ainsi : « Il
disait qu'il avait remarqué, dès ce temps-là, une faute
essentielle où tombent ceux qui abandonnent, avec trop
de confiance, l'éducation de leurs enfants à des régents :
qu'il croyait qu'ils agiraient plus prudemment, s'ils
les faisaient observer de près par des personnes sûres,
qui leur fissent faire un bon emploi de leur temps et qui
prissent garde que leurs actions et leurs paroles ne s'éloi-
gnassent jamais de la modestie. Qu'il avait cru devoir

Malgré la faiblesse de son tempérament, après sa sortie du collège (1570), il alla entendre Denis Lambin et Jean Pellerin, professeurs de langue grecque, au collège de France. Jean Daurat, alors retiré à l'abbaye de Saint-Victor, était souvent consulté par

en avertir dans ce temps où cette faute était ordinaire ; et que, si Dieu lui faisait la grâce de lui donner des enfants, qu'il eut depuis en grand nombre, il serait plus attentif à leur éducation qu'on n'avait été à la sienne. Qu'il avait étudié tard et qu'il n'approuvait point la précipitation de ceux qui font instruire leurs enfants à peine âgés de cinq ans. Qu'il s'étonnait que l'illustre Quintilien, par un conseil moins utile que louable, eût tant recommandé aux enfants d'étudier de bonne heure, lui qui perdit un fils d'une grande espérance, pour l'avoir poussé trop jeune à l'étude, perte heureuse pour la postérité, puisqu'elle lui a fourni l'occasion d'écrire avec tant d'éloquence les livres qu'il nous a laissés sur l'éducation des enfants et où il se plaint amèrement de la perte du sien.

Montaigne, dans ses *Essais* (ch. xxv), de l'institution des enfants à Madame Diane de Foix, comtesse de Gurson, soutient à peu près les mêmes idées. « Je ne veux pas, dit-il, qu'on emprisonne ce garçon ; je ne veux pas qu'on l'abandonne à la cholère et humeur melancholique d'un furieux maitre d'eschole ; je ne veux pas corrompre son esprit à le tenir à la gehenne et au travail, à la mode des autres, quatorze ou quinze heures par jour, comme un portefaix... cela les rend ineptes à la conversation civile et les détourne des meilleures

de Thou, à qui il fit connaître Ronsard.
Bientôt de Thou, qui avait du talent pour la
poésie, lia, avec ce dernier, une amitié si
étroite, que le chef de la pléiade lui dédia
ses *Orphées*, avec un éloge magnifique. Baïf,

occupations. Et combien ay-je vu de mon temps
d'hommes abestis, par téméraire avidité de science!...
J'ay oui tenir à gens d'entendement que ces collèges
où on les envoie, de quoy ils ont foison les abrutissent
ainsin... Cette police de la plupart de nos collèges m'a
toujours desplu, on eut failly, à l'adventure, moins dom-
mageablement s'inclinant vers l'indulgence. C'est une
vraie geaule de jeunesse captive, on la rend débauchée,
l'en punissant avant qu'elle le soit. » Et vraiment on
ne peut qu'être de son avis quand on a lu le tableau
qu'il nous trace des *escholes* de ce temps : « Arrivez-y,
dit-il, sur le point de leur office; vous n'oyez que cris
et d'enfants suppliciés et de maîtres enragés en leur
cholère. Quelle manière pour éveiller l'appétit envers
leur leçon à ces tendres âmes et craintifves, de les y
guider d'une trongne effroyable, les mains armées
de fouets!... Combien leurs classes seraient plus décem-
ment jonchées de fleurs et de feuilles, que de tronçons
d'osier sanglant. »

Il résume son opinion en ces termes : « Ceux qui,
comme notre usage porte, entreprennent d'une même
leçon et pareille mesure de conduite régenter plusieurs
esprits de si diverses mesures et forme; ce n'est pas
merveille, si en tout un peuple d'enfants, ils en ren-
contrent à peine deux ou trois qui rapportent quelque
juste fruit de leur discipline. »

Rémi Belleau, furent aussi du nombre de ceux dont il cultiva l'amitié avec un grand soin.

De Thou dut quitter les belles-lettres pour étudier le droit. Son père l'envoya à Orléans, afin qu'il y suivit les savantes leçons de Jean Robert, de Guillaume Fournier et d'Antoine Conte. La lecture des œuvres de Cujas attira le jeune étudiant à Valence, où il devint un des auditeurs les plus assidus du célèbre professeur. Ce fut là que de Thou lia, avec Scaliger, cette amitié qui devait durer toute leur vie. « Il y avait dans Scaliger, la religion à part, une érudition si profonde et si fort au-dessus de la partie ordinaire, qu'il n'y a point d'honnête homme qui ne dut souhaiter avec autant de passion de l'entendre et de recevoir ses leçons, que de respecter en lui les rares talents dont il a plu à la divine bonté de le combler (1). »

Ainsi s'exprimait de Thou, de longues années après, pour justifier cette amitié dont on lui faisait un crime et qui, en effet, ne dut pas être étrangère à la sympathie qu'il mani-

(1) *Mémoires*, p. 7 et 8.

feste pour les protestants, dans son histoire.

Après un an de séjour à Valence (1572), de Thou fut rappelé à Paris par son père. Peu pressé de rentrer, il visita le Dauphiné, le Forez, le Nivernais, et arriva à Paris au moment du mariage du roi de Navarre. A Grenoble, il rencontra le baron des Adrets, le terrible capitaine protestant, dont il fait le portrait en ces termes : « Des Adrets était alors tout blanc, mais d'une vieillesse encore forte et vigoureuse, d'un regard farouche, le nez aquilin, le visage maigre et décharné, mais marqueté de taches rouges, comme du sang meurtri, tel que l'on nous dépeint Sylla, du reste l'air d'un véritable homme de guerre. »

Quelque temps après, il fut témoin du massacre de la Saint-Barthélemy. Cet événement laissa dans son esprit une impression de dégoût profond. Il ne pût voir, sans horreur, les corps de Guillaume Grossot, bailli d'Orléans, et de Callixte Garraut qu'on traînait à la rivière par la rue la plus proche. « Il fut cependant obligé de regarder ces objets affreux, sans oser verser une larme, lui dont le tendre naturel ne lui permettait pas de voir la mort d'une bête innocente, sans émotion. La peine que cela lui fit l'obligea de ne plus sortir, de peur de rencontrer de pareils spectacles (1). »

Cependant, quelques jours après, son père le mena sur une hauteur, d'où l'on découvrait Montfaucon. Le peuple y avait traîné ce qui restait du corps de l'amiral de Coligny. De Thou contempla ces tristes lambeaux attachés à une pièce de bois avec une chaîne de fer. Jamais il n'oublia ce spectacle; il en garda l'impression toujours vivante dans son âme; et l'on sent, en lisant le récit qu'il en fit dans ses Mémoires, la terreur que lui inspirait encore, cinquante-deux ans après, cet affreux souvenir.

En 1573, de Thou fut nommé chanoine de Notre-Dame et vint demeurer au cloître de cette église, près de son oncle Nicolas de Thou, conseiller-clerc au Parlement et futur évêque de Chartres. Il s'adonna à l'étude du droit canonique et commença dès lors cette

(1) *Mémoires,* p. 12.

bibliothèque, qu'il augmenta jusqu'à sa mort, et qui a mérité l'admiration des savants, par le choix des livres les plus rares (1).

(1) Cette bibliothèque ne resta pas longtemps dans la famille de Thou, qui, du reste, s'éteignit en 1746. Achetée en 1680 par le cardinal de Rohan, elle devint en 1787 la propriété du prince de Soubise. Elle avait été considérablement augmentée. Après la mort de son possesseur, elle fut vendue aux enchères. Cette vente, terminée le 22 mai 1789, rapporta environ 260,000 francs. M. J. Ch. Brunet donne à cet égard de curieux détails. Les livres que le président avait acquis et avait fait relier à ses armes sont aujourd'hui très recherchés et se payent fort cher. Quelques notices spéciales lui ont été consacrées par le baron J. Pichon (*les Manuscrits français de la bibliothèque du roi*, par M. Paulin Paris, l. V) et M. P. Deschamps (Préface du catalogue de la bibliothèque de M. Solar 1860).

II

Ses Voyages.

Le goût de Jacques-Auguste de Thou pour
les sciences et pour ceux qui les cultivaient,
la nécessité d'acquérir les connaissances
utiles à l'histoire universelle qu'il projetait
déjà, lui avaient inspiré le désir de voyager.
Il était attiré surtout vers l'Italie, ce centre
des lumières, où l'amour des lettres anciennes
s'était rallumé tout d'abord, pour se répandre
de là dans toute l'Europe.

Il n'attendait plus qu'une occasion favorable : elle se présenta bientôt. « Paul de
Foix (1), personnage d'un rare mérite et

(1) Paul de Foix, archevêque de Toulouse, de la
maison qui a donné à la France Odet de Foix, le général
de Louis XII, naquit en 1528. Il remplit, très jeune, de
hautes fonctions à la cour. Les rois Charles IX et

distingué, depuis peu, par ses ambassades
d'Angleterre et de Venise, était prêt à partir
pour aller, de la part du roi, remercier le
Pape et les autres princes d'Italie, qui avaient
félicité Sa Majesté sur l'élection de son frère
au royaume de Pologne et devait passer
de là en Allemagne et en Pologne (1). »
De Thou n'eut pas de repos, jusqu'à ce qu'il
eût obtenu de l'accompagner. De Foix y
consentit et lui demanda de venir le re-
joindre à Gien. Le jeune de Thou profita
beaucoup dans la société de ce savant, aussi
âpre à l'étude qu'habile dans les affaires.
« Je ne le quittai jamais, dit-il, sans me
sentir meilleur et plus disposé à prati-
quer la vertu. » Ce fut auprès de lui, qu'il
connut Arnaud d'Ossat, alors jeune avocat,
brillant élève de Ramus et de Cujas, et
secrétaire de l'ambassadeur.

Les voyages sont un moyen très efficace

Henri III l'employèrent en diverses ambassades. Il
comptait parmi ses amis Cujas. Charpentier, Muret
et plusieurs autres savants de cette époque. Il mourut à
Rome, en 1584, à l'âge de cinquante-six ans; Muret fit
son oraison funèbre.

(1) *Mémoires*. p. 14.

pour développer l'intelligence des jeunes
gens et élargir le cercle de leurs connaissances. « Le commerce des hommes, dit
Montaigne, y est merveilleusement propre,
et la visite des païs étrangiers, non pour en
rapporter seulement, à la mode de notre
noblesse française, combien de pas a Santa-
Rotunda (le Panthéon), ou la richesse des
calessons de la Signora Livia; ou, comme
d'autres, combien le visage de Néron de
quelque vieille ruyne de là est plus long
ou plus large que celui de pareille médaille,
mais pour en rapporter principalement les
humeurs de ces nations et leurs façons et
pour frotter et limer notre cervelle contre
celle d'autrui (1). »

De Thou sut mettre à profit son voyage,
et sa curiosité trouva largement de quoi
se satisfaire. L'Italie était alors un foyer
lumineux qui rayonnait sur toute l'Europe :
là venait de mourir l'Arioste, le magicien
de la poésie, là, le Tasse allait bientôt faire
entendre sa voix mélodieuse.

(1) *Essais,* ch. xxv.

Le Vatican s'élevait et la *Vénus* de Praxi-
tèle semblait renaître, du sein des ruines
pour inspirer Raphaël, qui devait ajouter
une pudeur chrétienne et une grâce angé-
lique à ce modèle de la beauté physique. Le
jeune voyageur s'enivra à cette source des
arts et du génie. Il parcourut successivement
l'Italie entière, visita avec soin les villes les
plus renommées, Milan, Pavie, Plaisance,
Mantoue, Venise, Gênes, Vicence, Ber-
game, Crémone, Florence, Bologne. Les
musées, les bibliothèques, les œuvres d'art
attirèrent sa studieuse attention. Il faut lire,
dans ses Mémoires, le récit de ses nom-
breuses visites, on demeurera convaincu que
le futur historien ne négligea pas une occasion de s'instruire. Sur sa route, il put entretenir les savants et les artistes les plus illustres, Charles Sigonius, Mercurial de Forli,
Nyphus, Georges Vazari d'Arezzo, Alexandre
Piccolomini, Marc-Antoine Muret, alors
retiré à Rome et que, selon Montaigne, « la
France et l'Italie recognoist pour le meilleur
orateur du temps ».

La mort de Charles IX rappela en France

Paul de Foix et sa suite. Ils allèrent d'abord, sur les frontières de l'État de Venise, saluer Henri III, qui arrivait de Pologne. Arnaud du Ferrier était alors ambassadeur du roi dans cette ville; sachant qu'on destinait le jeune de Thou à l'Église, il crut donner au fils une preuve de l'affection qu'il portait au premier président son père, en lui faisant sur cet objet les réflexions qu'autorisaient son âge avancé, son expérience et son mérite. De Thou les accueillit très bien. Sentant mieux les devoirs de l'état dans lequel il était entré, par déférence pour la volonté de son père, il commença à examiner si telle était bien sa vocation et résolut de ne prendre, dans une matière si importante, une détermination définitive, qu'après un mûr examen.

Le père de J.-A. de Thou, homme très austère, ne cessait de veiller de loin, comme de près, sur son fils, pour préserver ses mœurs de la corruption si répandue à cette époque. Il l'avait recommandé tout particulièrement à Paul de Foix; aussi dut-il être heureux, quand, en lui remettant son fils, l'ambassadeur lui rendit témoignage « que la compagnie d'un jeune homme si sage lui avait fait plaisir et qu'il ne le laissait partir qu'à regret ».

De Thou rentra en France, en 1575, et, pendant quatre années, il s'appliqua, avec plus d'ardeur que jamais, au travail. Dans une longue retraite, il approfondit l'étude du droit, mais il avoue y avoir moins profité que dans la conversation des Pithou, des Loysel, des Dupuy, des Lefebvre, ses amis particuliers. Durant cette période, il ne perdit pas de vue son histoire et, pour se préparer à l'écrire, il lisait fréquemment les historiens anciens, « ces grandes âmes des meilleurs siècles », comme dit Montaigne.

III

Ses premiers emplois au Parlement.

En arrivant en France, de Thou avait trouvé le royaume menacé d'une guerre civile : les protestants s'agitaient, et l'orage était sur le point d'éclater. Henri III, qui connaissait ses dispositions conciliatrices, le chargea d'une mission de confiance. Il s'agissait de négocier un accommodement avec les protestants. Malgré sa jeunesse, de Thou réussit dans cette mission délicate et l'accommodement fut conclu. C'était la première fois qu'il était employé dans les affaires publiques ; il dut se féliciter d'avoir été chargé d'une mission de paix.

Peu de temps après, de Thou profita d'une occasion favorable et partit pour les Pays-Bas. Il y recueillit de précieux documents et des renseignements exacts sur cette période si agitée. Il visita Bruges, Gand, Anvers, Louvain, « qui ne le cède en rien à Padoue (1) », Malines, Bruxelles. Il put voir avec quelle impatience les peuples supportaient le joug des Espagnols. Tout était en armes, et les troubles qui éclatèrent, sur ces entrefaites, l'empêchèrent de continuer son voyage. Il dut rentrer en France, pour y être nommé conseiller au Parlement, sans qu'il eût demandé ni même désiré cette position. « De Thou fut reçu au Parlement à la place de Jean de la Garde de Seigne, conseiller-clerc. Pendant la maladie dont la Garde mourut, de Thou ne fit jamais de prières plus ardentes que celles qu'il fit à Dieu, de redonner la santé à ce magistrat. Il n'ignorait pas que le roi, à la recommandation de son père, lui destinait cette charge, mais la douceur du repos et le charme de ses

_____

(1) *Mémoires*, l. I.

études lui faisaient regarder cet emploi si
fort éloigné de son genre de vie, qu'il ne
pouvait se résoudre à le quitter pour un
autre plein d'agitation et dont les occupations étaient différentes (1). »

Il se présenta, en tremblant, à l'examen
présidé par Séguier et, après un interroga-
toire de deux heures, il fut proclamé conseiller et prêta serment. C'était dès lors un
magistrat de grand avenir, et quand le
président Bellièvre le présenta à la chambre
des requêtes, il déclara que celui qui le
suivait le dépasserait un jour. La modestie
de J.-A. de Thou lui fit faire alors peu d'attention à cette parole; néanmoins il ne manque pas de la consigner dans ses Mémoires.

L'année suivante, 1579, de Thou, ayant
accompagné son frère aux eaux de Plom-
bières, ne résista pas à la tentation de parcourir l'Allemagne, dont il était si près. Il
partit donc avec un guide qui parlait fort
bien l'allemand. En passant par Strasbourg,
il voulut monter à la tour de la cathédrale,

(1) *Mémoires*, p. 38.

mais il raconte naïvement qu'il fut pris de ver-
tige et faillit se laisser choir en descen-
dant.

De Strasbourg, il se rendit à Bade, à Stutt-
gard, à Ulm, à Augsbourg, à Constance, à
Bâle, à Mulhouse, avant de revenir à Plom-
bières. Partout il visita les savants : ici,
Jean Arazel; ailleurs, Jérôme Wolf, Antoine
Függer, Félix Plater, mettant tout à profit
pour son instruction.

En 1581, la chambre mi-partie catholique
et mi-partie protestante, qui rendait la justice en Guyenne, se laissant dominer par les
passions religieuses, on résolut, pour calmer
les esprits, de la remplacer par une dépu-
tation de conseillers du Parlement de Paris.
Antoine Séguier fut nommé président de
cette commission judiciaire, et comme il était
l'ami particulier de J.-A. de Thou, il le fit
choisir pour l'une des deux places de conseillers ecclésiastiques. Parmi les autres conseillers se trouvait Michel Hurault de l'Hô-
pital, petit-fils du chancelier. Ce fut pour ce
jeune homme, grand amateur de la chasse au
faucon et son ami intime, qu'il composa son

poème de la fauconnerie, son coup d'essai et peut-être la meilleure de ses poésies (1).

Il ne demeura qu'une année en Guyenne : rappelé par son père, il obtint du roi son remplacement dans sa charge, par François Godard, conseiller récemment nommé. Il revint à Paris, mais ce fut par de longs dé-

(1) Au milieu de ces occupations, de Thou n'interrompait point ses études. Dans le dessein d'écrire l'histoire de son temps, il faisait connaissance avec tous les hommes qui pouvaient lui être utiles, comparant tout ce qu'il avait lu et entendu avec ce qu'il apprenait d'eux. Il fut instruit de bien des particularités par Benoît de Largebaston, premier président de Bordeaux, vieillard vénérable par son âge et par ses grandes connaissances. Ce magistrat, qui avait été protégé dans les mouvements précédents par le premier président de Thou, satisfit avec une complaisance rare la curiosité du jeune de Thou. (*Mémoires*, l. II.) Comme on le voit, le séjour de de Thou en Guyenne ne lui fut point inutile. Ce fut à Bordeaux, où la commission avait fixé le siège de sa juridiction, qu'il rencontra Montaigne. « Il tira encore bien des lumières de Michel Montaigne, alors maire de cette ville (en 1582), homme franc, ennemi de toute contrainte et qui n'était entré dans aucune cabale, d'ailleurs fort instruit de nos affaires, principalement de celles de Guyenne sa patrie, qu'il connaissait à fond. » (*Mémoires*, l. II.) L'amitié, qui s'établit entre deux esprits, explique les rapports que nous avons signalés plus haut, dans leurs idées sur l'éducation.

tours et après avoir visité, sur son chemin, les villes les plus importantes. Son voyage dura si longtemps, qu'il n'arriva à Paris qu'après les obsèques de son père, dont il ne savait pas même la maladie et dont il n'apprit la mort qu'à Boissy, près de Paris. Malgré sa diligence il arriva trop tard.

Il ne trouva de soulagement à sa douleur que dans l'étude, et ce fut alors qu'il noua des relations plus suivies avec les savants de l'époque, qui étaient tous ses amis ou ses maîtres.

IV

**Son mariage, ses diverses charges à la cour;.
il commence à écrire son histoire.**

La vie de J.-A. de Thou a été jusqu'ici
heureuse et tranquille. Il avait pu se livrer
tout entier à ses chères études et cultiver
tout à la fois les lettres, les sciences et la
poésie. Au milieu de ses occupations, il
avait trouvé le moyen de faire de nombreux
voyages et de compléter ainsi sa formation
intellectuelle. Jusqu'alors, destiné à l'état
ecclésiastique, il jouissait tranquillement du
revenu de ses bénéfices et attendait le moment où la mort de son oncle, Nicolas de
Thou, lui donnerait le siège épiscopal de .
Chartres. Arrivé à sa trentième année, il
perd son père, puis son frère et devient

le principal représentant de sa famille. Une
période nouvelle s'ouvre pour lui, il va
quitter l'état ecclésiastique et s'engager réso-
lument dans les luttes de la vie. Il ne sera
point évêque, il sera président à mortier.
Chef de sa famille, il doit en sauvegarder
les intérêts.

Dès 1581, il avait pris la détermination
de quitter un état, vers lequel il ne se sentait
point porté, et qui lui semblait un fardeau,
pour choisir, dit-il, un genre de vie plus
aisé et se marier, quand l'occasion s'en pré-
senterait (1). Après la mort de son père, sa
mère le pressa de mettre son projet à exécution, et de songer enfin à son avenir dans
la magistrature. Il accepta donc, en 1584,
une charge de maître des requêtes, sans
renoncer à ses bénéfices ecclésiastiques.
Deux ans après, il fut pourvu de la charge
de président au Parlement.

A la mort du pape Grégoire XIII, il fut
sur le point d'accompagner à Rome le cardinal de Vendôme, qu'on devait y envoyer

(1) *Mémoires*, l. III.

pour défendre les intérêts du roi au conclave, mais la combinaison ne réussit pas,
car on craignit de mécontenter la cour de
Rome, par ce choix.

Lorsqu'il fût pourvu de la charge de président, de Thou quitta le cloître de Notre-
Dame, fit transporter ses meubles et sa
bibliothèque chez sa mère, qui l'en suppliait
depuis longtemps, et alla habiter avec elle.
Dès lors, il s'occupa à faire lever toutes les
difficultés, qui pouvaient s'opposer à son
mariage. Il résigna ses bénéfices, et, lorsqu'il eût obtenu dispense de ses engage-
ments, — il n'était engagé que dans les
ordres mineurs — il songea à se marier
(29 mars 1586). L'année suivante, en effet,
il épousa Marie de Barbançon. Cette union
devait être courte et ne donna pas d'enfants
à de Thou.

L'année 1588 fut une des plus orageuses
de la Ligue. Les ligueurs, hardis et entrepre-
nants à proportion de l'impunité, forcèrent
Henri III à sortir de sa capitale, en le mena-
çant de l'assiéger dans le Louvre. De Thou
traversa les barricades, au péril de sa vie,

pour aller offrir ses services au roi, qu'il suivit dans sa retraite, s'exposant à perdre sa fortune et laissant tous ses biens entre les mains des ligueurs.

Ce fut un des beaux moments de la vie de notre historien, et rien ne l'honore plus que cette fidélité à un roi malheureux, chassé de sa capitale par des sujets rebelles. De Thou conseilla au roi d'envoyer des commissaires dans les provinces, pour les affermir dans le devoir. Chargé lui-même de se rendre en Normandie, il lui assura un refuge dans la ville de Rouen, et ce fut en récompense de ce service, que Henri III le nomma conseiller d'État, au mois d'août 1588.

Il ne tarda pas à venir à Blois, pour la tenue des états. Henri III y fit assassiner les Guises. De Thou ne désapprouva pas ce crime qui, à son avis, débarrassait le roi d'ennemis dangereux. Les ligueurs le surent et, à son retour à Paris, ils le cherchèrent pour le jeter en prison, mais il parvint à leur échapper et à sortir de la ville déguisé en soldat. Cependant Henri III était dans la plus fâcheuse situation : le meurtre des Guises

lui avait aliéné l'esprit des catholiques, et il
n'avait plus de secours à attendre que de
Henri de Bourbon, roi de Navarre, mais il
hésitait à faire alliance avec ce prince, protestant zélé, et, à ce titre, odieux à la majo-
rité des Français.

L'intervention du légat du Pape, le cardinal François Morosini, n'arrêtait pas les
entreprises des ligueurs. Poussé à bout,
Henri III, sur les conseils de J.-A. de Thou,
fit alliance avec le roi de Navarre. Désormais
sa cause était perdue. Le désordre était dans
le royaume, les ligueurs occupaient Paris
et une partie des provinces, Henri III ne
conservait autour de lui qu'une poignée
d'hommes et quelques courtisans. De Thou
fut envoyé en Allemagne, avec Schomberg,
pour négocier auprès de l'empereur, afin
d'obtenir de l'argent, pour lever des soldats.
C'était une mission périlleuse, mais de Thou
n'hésita pas. Les ligueurs dressèrent partout
des embûches, sans pouvoir toutefois réussir
à s'emparer des envoyés, qui, après de longs
détours, arrivèrent à Venise, où ils apprirent
l'assassinat d'Henri III (14 août 1589.)

Un seul parti restait à prendre : de Thou
revint en France, à travers mille dangers,
et, après avoir échappé aux poursuites des
ligueurs, rejoignit Henri IV, à Châteaudun.
Le Béarnais le reçut très bien et accueillit
avec bienveillance les observations qu'il lui
soumit, sur la nécessité de quitter la réforme
et d'embrasser le catholicisme, pour donner
satisfaction aux Français et désarmer l'hostilité des puissances catholiques, Venise et
l'Espagne, alors toutes-puissantes. Henri IV
promit d'y songer sérieusement. En attendant, il continua de marcher vers Paris, sou-
mettant sur son passage les villes qui
tenaient pour la Ligue. En 1593, on conclut
une trêve, et de Thou profita de la tranquillité quelle donna à la France, pour mettre
à exécution le projet qu'il nourrissait, depuis
plus de quinze ans. Il commença à rédiger
son histoire et à mettre en ordre les nombreux matériaux qu'il avait amassés, soit
dans ses voyages, soit dans le commerce des
gens de lettres et des hommes politiques,
qui avaient joué un rôle, sous les derniers
de nos rois. Il avait étudié avec soin les

mémoires et instructions des secrétaires d'État, ainsi que tout ce qu'on avait écrit de part et d'autre, dans ces temps de troubles, « avec la sage précaution de distinguer la vérité du mensonge, par le moyen et les avis de ceux qui avaient eu part eux-mêmes aux affaires les plus importantes (1) ». Ce fut à Tours, que de Thou travailla à écrire son histoire.

L'année suivante, Henri IV, réconcilié avec l'Église par les évêques, mais non encore absous par le Pape, fut sacré à Chartres. Peu après, Paris lui ouvrit ses portes, et la France entière le reconnut pour roi.

La mort de Pierre Pithou, arrivée en 1596, faillit interrompre la composition des histoires, car de Thou, privé d'un secours si précieux, fut sur le point de déchirer ce qu'il avait déjà écrit et d'abandonner son œuvre. Il écrivait à Casaubon (2) : « Comme j'étais, il y a quelques jours, à Angers, j'y reçus la nouvelle de la mort de Pierre Pithou. D'a-

(1) *Mémoires,* l. V.
(2) Tours, le 25 novembre 1596.

bord, j'en fus affligé, comme je devais l'être et depuis je le fus d'autant plus sensiblement, que je ne m'y étais point attendu... Aussi je vous avoue que j'en fus accablé, je m'oubliai moi-même et l'emploi que j'avais à soutenir. Je ne prétends point m'en défendre, cette perte est de la nature de celles qui peuvent ébranler les esprits les plus fermes... Qu'y a-t-il de plus précieux que l'amitié d'un homme de bien, sage et rempli de toutes les connaissances? d'un homme, dont toutes les mœurs et la vertu étaient pures et sans ambition, qui savait parfaitement toute l'antiquité sacrée et profane, nos lois, notre droit, nos coutumes, qui avait une prévoyance admirable et une expérience consommée, un jugement solide et une grande capacité par rapport à nos affaires (1). »

(1) Pierre Pithou mourut en chrétien : « Migraturus e vita atque viam æternitatis ingressurus, de comparando viatico cogitavit. Peccata confessus et cœlesti cibo munitus res suas ordinavit maximam partem. Testamentum orsus scribere, cum manus deficeret, factum a se dixit idque Lutetiæ et ubi deposuisset indicavit. » (*Ex Petri Pithoei vita*, etc., accurante Joanne Boivin. Parisiis, 1716, in-4°.)

De Thou fut encore détourné de ses travaux historiques, pour prendre part à l'un
des principaux actes du règne d'Henri IV.
Les protestants, qui avaient soutenu le roi de
Navarre, espéraient bien obtenir de lui des
conditions favorables et des garanties pour
leur liberté. Henri IV chargea de Thou de
négocier un *modus vivendi*. C'était un choix
habile, car on pouvait compter absolument
sur la fidélité de J.-A. de Thou, et les protestants estimaient beaucoup la largeur de
ses vues, son libéralisme, comme nous
dirions aujourd'hui.

Comprenant la délicatesse d'une telle
négociation, notre historien essaya de se
soustraire à cette mission, mais sur les
instances du roi, il se joignit à de Vic et à
Calignon, dont les efforts avaient été jusque-
là sans résultat. Les protestants se montrèrent charmés du choix, et les principaux
articles d'un traité furent promptement ré-
digés, débattus et acceptés. Ce ne fut cependant que l'année suivante, 1598, que le roi
y mit la dernière main. Les dernières
difficultés ne furent résolues qu'à Nantes, ce

qui fit appeler ce traité l'édit de Nantes.
De Thou pressa vivement la vérification de
l'édit, par le Parlement, et le fit enregis-
trer, malgré une vive opposition 1599 (1).

Dans les années qui suivirent, de Thou
s'occupa de la [réforme de l'Université et fit
homologuer, par le Parlement, le nouveau
règlement qui fut dressé et imposé, par le
roi, à ce corps autrefois si puissant, et
incapable alors de se gouverner par lui-
même.

L'Université de Paris était dans un état
de décadence, dont il est difficile de se faire
une idée. Tout manquait à la fois : les
maîtres, les élèves, les ressources. Tout

(1) Voici en quels termes M. Perrens, *l'Eglise et l'Etat
sous Henri IV*, apprécie l'édit de Nantes. « Charte
nécessaire dans son principe, pour détourner les calvinistes d'une révolte, et pour assurer leur appui contre
l'armée espagnole toujours menaçante; mais charte
excessive en ce qu'elle leur accordait forces militaires,
finances, assemblées politiques, deux cents places de
sûreté et faisait d'eux ce que l'Eglise aurait voulu
être, un État dans l'État. Moins onéreux avaient été
les traités conclus avec la Ligue, car ils concédaient de
l'argent, des charges viagères, mais non une part de la
souveraineté. »

était compromis : la religion, les mœurs, les études. Lorsqu'en présence de cette institution décrépite, les Jésuites vinrent inaugurer une nouvelle et supérieure méthode d'éducation et d'enseignement, la confiance des familles se tourna vers eux, avec enthousiasme, et leurs collèges furent bientôt insuffisants à contenir le nombre de leurs élèves. Au lieu de se transformer, l'Université s'irrita, et voulut supprimer la concurrence; mais le génie de Henri IV ne se laissa pas égarer par la passion et la violence. L'Université ne voulant pas se réformer, il la réforma de par le droit de l'autorité royale, et lui imposa de sages règlements. Cette réforme fut résolue en 1595, Henri IV députa sept personnages considérables, pour en conférer avec le recteur et les autres officiers de l'Université. Les officiers royaux mirent trois ans à dresser leur projet. Les statuts nouveaux furent vérifiés au Parlement, le 3 septembre 1598; encore la publication fut-elle différée jusqu'au 18 septembre 1600. Ce jour-là, Jacques-Auguste de Thou, Lazare Coquelet,

3

Édouard Molé, conseillers au Parlement, assistés de l'avocat général Servin, se transportèrent à l'assemblée générale de l'Université, qui se tenait aux Mathurins. De Thou et Servin haranguèrent la compagnie, l'exhortant à l'observation exacte des statuts et à la soumission aux volontés royales, ce que le recteur promit solennellement, au nom de la corporation entière (1).

Vers la fin de 1603, de Thou livra enfin à l'impression la première partie de son histoire, qu'il dédia à Henri IV, en réclamant sa protection, dans une préface dont on loue avec raison le style et les formes majestueuses. Cette histoire, annoncée et attendue depuis longtemps, devait attirer à son auteur bien des louanges et non moins de blâmes. Les dernières années de la vie du président furent employées à la défendre, et à lutter contre des adversaires nombreux et puissants. La cour de Rome la fit mettre à

(1) *Sur la réforme de l'Université*, par Henri IV, il faut consulter l'*Histoire de l'Université*, par Jourdain. Les statuts de 1600 sont reproduits aux pièces justificatives.

l'Index, en 1609, après bien des pourparlers et des négociations. Il ne sera pas sans intérêt de suivre les péripéties de ce procès, à l'aide de la correspondance de J.-A. de Thou, des lettres de son cousin Christophe Dupuy, et de celles des cardinaux Joyeuse, Du Perron, Séraphin, Sforza et la Rochefoucauld, qui furent, pour le président, des défenseurs et des amis dévoués.

Auparavant, il importe de donner une idée de cet ouvrage, de l'accueil qui lui fut fait, des opinions religieuses de son auteur ; enfin, d'exposer les critiques des catholiques.

SECONDE PARTIE

L'HISTOIRE UNIVERSELLE DE J.-A. DE THOU

I

Idée générale.

L'histoire de J.-A. de Thou parut, à la fin de 1603 (1), en un volume in-folio, chez la veuve de Mamert Patisson, avec le privilège du roi,

(1) Ce volume porte la date de 1604, néanmoins je pense qu'il fut imprimé en 1603, voici pourquoi : de Thou, dans une lettre à Dupuy en date du 24 janvier 1606, dit qu'il croit que les cardinaux de Joyeuse et d'Ossat auront déjà reçu l'exemplaire qu'il leur a envoyé. De son côté, Joyeuse écrivait à de Thou qu'il avait reçu son histoire et qu'il en avait déjà lu quelque chose, et cela à la date du 25 janvier. Si l'on veut bien se rappeler la difficulté des relations entre Rome et Paris et la distance qui sépare ces deux villes, il paraît bien difficile qu'un livre imprimé à Paris en 1604 fût à Rome le 24 janvier de la même année. Il faut donc en reporter l'impression à la fin de 1603.

daté de la veille des ides d'octobre 1603.
Cette œuvre, d'un homme considérable par
sa situation dans la magistrature, les nom-
breuses fonctions diplomatiques dont il avait
été chargé et surtout par sa science profonde,
acquise au prix de longues années d'étude et
d'observation, ne pouvait point passer ina-
perçue. En effet, dès son apparition, elle fut
remarquée et, comme toute œuvre sérieuse,
vivement admirée et non moins vivement
attaquée. On avait également raison d'admirer et d'attaquer. C'était, en effet, la première
fois qu'un homme haut placé et d'une science
incontestable donnait au public une histoire
en règle. Jusqu'alors on avait bien eu des
Mémoires, mais jamais une histoire suivie et
embrassant, dans son ensemble, une époque
déterminée. De Thou avait mis de longues
années à composer ce livre : dès sa jeunesse
il y avait songé, ses Mémoires en font foi, et,
avec ses propres recherches, il avait utilisé
celles de son père (1). C'était donc un travail

(1) « Observateur de l'Europe, acteur dans le drame
confus de nos troubles, magistrat, négociateur, homme
de cour, il a rassemblé, pendant quinze années, les maté-

sérieusement étudié; l'histoire était traitée
avec tout le respect qui lui est dû. Après les
pamphlets de la Ligue et les diatribes des protestants, un homme arrivait qui, parmi cet
amas de vérités et de mensonges, faisait un
choix et essayait de discerner le vrai au
milieu des nuages qu'on avait amoncelés
pour le dissimuler. On peut dire qu'il y
réussit et que, sous sa plume, l'histoire prit
une majesté, un calme, une conscience que
ne pouvaient avoir les écrits d'une période
de luttes et d'agitations si violentes.

Mais il faut bien le reconnaître aussi,
malgré des efforts sérieux pour se mettre
au-dessus des préjugés de parti, peut-être
même à cause de ses efforts, de Thou n'avait
pas toujours su porter un jugement vrai sur
les événements. Il affectait trop tôt l'in-
différentisme et voulait se poser en juge

---

riaux qui doivent servir à élever son grand monument.
Rien ne l'a distrait de cette résolution, que nous avons
vue naître dans son âme : ni les caprices d'une politique immorale, ni une attentive préparation des arrêts,
ni les crimes du peuple, ni les vices des cours, ni la
poudre du greffe, ne l'ont ébranlé dans son dessein. »
(Philarète Chasles, *Op. cit.*, p. 261.)

impartial et désintéressé ; il était trop près
des événements pour les juger sans parti
pris : son indifférence n'était souvent qu'une
concession inutile et dangereuse, son impartialité que de l'égoïsme, c'est-à-dire une ten-
dance à donner comme vraie son opinion
personnelle, sans se douter même que bien
des causes peuvent influer sur elle, et lui
enlever ce caractère d'équité si nécessaire
cependant à l'histoire. Quoi qu'il fasse et
quoi qu'il dise, de Thou n'a pas su fouler aux
pieds tous les préjugés de son époque, lui-
même le reconnaîtra dans ses lettres au cardinal de Joyeuse (1), et s'excusera de sa partialité sur l'état de perturbation où se trouvait la France, au moment où il écrivait (2).

(1) Dans celle du 4 février 1604, en particulier.
(2) De Thou partage les idées superstitieuses de son
siècle : on rencontre, dans son histoire, des récits de
prétendus prodiges qui n'auraient pas dû y trouver
place. Il paraît croire à l'astrologie. Il faut se rappeler
qu'à cette époque on faisait peu de démarches importantes sans avoir consulté l'état du ciel et des astres.
C'était le règne de l'astrologie et des sciences occultes.
Nostradamus écrivait ses Centuries qui lui ont valu le
renom de prophète : le Zélandais Sévin, dans son livre
de Occultis naturæ miraculis, accumulait les faits sur-

En somme, de Thou méritait à la fois l'admiration et la critique : l'admiration pour sa vaste érudition (je ne parle point des qualités littéraires de son livre), la critique pour bien des jugements hasardés sur des questions épineuses, il est vrai, mais que, pour cela précisément, un esprit sage devait se garder de trancher et n'aborder qu'avec une prudence et une réserve extrêmes. De Thou ne sut pas toujours se tenir dans ces limites.

L'écrivain catholique, qui aborde l'étude de questions gravement controversées, de

---

naturels et expliquait tout phénomène par la sympathie et l'antipathie des effluves; le Milanais Cardan, mort en 1576, prétendait démontrer « que les décrets des étoiles sont manifestes en nous »; et il était consulté par les personnages les plus considérables. Reuclin, le savant le plus renommé de l'Allemagne, s'appliquait à marier les idées cabalistiques avec celles des pythagoriciens. François Ier, Charles-Quint, Henri VIII, se disputaient Cornélius Agrippa, célèbre par sa science des astres. Les cours étaient remplies d'astrologues; à celle de Catherine de Médicis, chaque dame avait le sien. Henri IV fit tirer l'horoscope de son fils, et Charles-Quint trembla quand Stöfler de Tubingue lui prédit un déluge universel pour 1554; il ne fallut rien moins qu'une prédiction contraire d'un autre astrologue pour rassurer le grand empereur. (Voir Cantu, *Hist. univ.* Didot, in-8, t. XIV, p. 430 et sqq.)

faits dénaturés par les partis, a deux écueils
à éviter. Il doit, d'une part, se garder d'excuser tout ce qui a été fait par les catholiques,
par cette seule raison que les catholiques ne
peuvent pas avoir tort, étant les défenseurs
de la vérité; il s'exposerait ainsi à des mé-
prises regrettables, car les défenseurs de la
vérité et du bon droit peuvent avoir recours
à des moyens condamnables, et il faut flétrir
le mal partout où il se trouve. D'autre part,
il ne doit pas apporter dans la critique une
sévérité exagérée, et attribuer plus d'autorité
qu'elles ne méritent aux accusations plus ou
moins fondées des adversaires. Entre deux
assertions contraires, admettre de préférence
celle qui est défavorable aux catholiques,
serait pour le moins une faiblesse, car, pour
ne pas encourir le reproche de partialité, on
sacrifierait la cause de la vérité. De Thou ne
s'est peut-être pas assez défié de ce dernier
écueil.

Aussi, les reproches que l'on fait à son
histoire sont-ils très fondés. Pour en comprendre la gravité, il faut se rappeler les
circonstances au milieu desquelles l'ouvrage

parut. L'Europe, longtemps déchirée par les guerres religieuses qui avaient coûté tant de sang, causé tant de ruines, servi de prétexte à tant d'excès, l'Europe jouissait enfin d'un calme qu'elle ne connaissait plus depuis plus de cinquante années. Les discussions théologiques avaient été tranchées par le concile de Trente, dont les décrets avaient nettement fixé le dogme catholique ; les hérésies ne pouvaient plus se dissimuler sous l'extérieur de la vérité ; les excès de conduite et de langage des prétendus réformés étaient démasqués ; les réformes utiles et justement réclamées avaient été résolues par les Pères du Concile. Le moment des grandes effervescences populaires était passé, les querelles entre les docteurs avaient perdu de leur âpreté première ; les bras s'étaient fatigués à la lutte ; l'édit de Nantes avait promulgué l'ère de la pacification : peut-être, pour être vrai, faudrait-il dire que l'ère de la lassitude était venue ; les armes, glaives ou plumes, échappaient aux combattants fatigués par trois quarts de siècle d'efforts.

Tout ce qui était de nature à ranimer la

lutte, ne fût-ce que pour des questions de personnes, devait être soigneusement évité. Peut-être de Thou, en voulant faire œuvre de pacification, ne vit-il pas qu'il ravivait une flamme cachée sous tant de décombres qu'il fallait remuer d'une main délicate pour ne pas exciter un nouvel incendie. Il mettait de nouveau les armes aux mains des combattants : ce fut un grand tort, et un catholique eut bien dû se garder d'encourir une pareille accusation.

———

II

La langue et le style.

Une des causes de l'oubli dans lequel est tombée de nos jours l'histoire de J.-A. de Thou, c'est assurément que cette œuvre magistrale est écrite en latin; quand elle parut, ce fut, au contraire, une des causes de son succès. La langue latine, en effet, était la langue la plus répandue au seizième siècle. Les savants la connaissaient et l'étudiaient avec enthousiasme. Quelques-uns même s'attachaient si exclusivement à un auteur de leur choix, qu'ils n'admettaient dans leur vocabulaire que les mots employés par lui. La secte des Cicéroniens est célèbre, et l'on sait que Bembo, le secrétaire de Léon X, poussait

le scrupule jusqu'à faire passer ses œuvres
dans quarante portefeuilles, et leur faire subir
quarante corrections, jusqu'à ce qu'elles fussent expurgées de tout ce que Cicéron aurait pu, selon lui, ne pas admettre dans
ses plus beaux discours.

Il faut voir comment le malin et spirituel
Erasme, le grand éclectique du siècle, se
moque de ces sectaires. Une chose incontestable, c'est que les savants du seizième siècle
avaient le sentiment du latin. C'était presque
leur langue maternelle, ils l'avaient balbutié
dans les écoles et plus tard dans leurs éru-
dites recherches, c'était le lien qui unissait
les Français aux Allemands, les Italiens aux
Anglais. De Thou parlait le latin aussi bien
que le français, et certainement il crut
rendre service aux lettres en employant la
langue de César et de Tite-Live. Il mettait
ainsi son histoire à la portée de plus de gens
capables de la comprendre et d'en tirer
quelque profit, car il ne faut pas se dissimuler qu'il ne faisait pas une œuvre de
propagande populaire. Il s'adressait surtout,
pour ne pas dire uniquement, aux esprits

cultivés de son siècle ; il n'avait pas en vue,
comme de notre temps Michelet, de propager
certaines idées, de populariser la connaissance de l'histoire nationale, de vulgariser
les trésors de l'érudition. Loin de là, il eût
probablement cru une telle entreprise peu
profitable pour sa réputation.

La langue française était alors dans une
période de transformation lente et pénible ;
elle était loin de s'être élevée à la per-
fection qu'elle atteignit sous le règne de
Louis XIV : ce n'était que bien des années
après que Pascal devait lui donner sa forme
définitive. Flottante et sans règle, elle va-
riait selon les auteurs : Montaigne usait de
tous les patois de la France, voire même
du gascon ; Ronsard et ses amis parlaient
grec et latin en français ; Rabelais, malgré
son génie, avait produit une langue trop
savante, trop chargée d'emprunts mal dé-
guisés, pour être fixe et durable. La grammaire était encore indéterminée. De Thou
craignait donc que le français ne lui offrît pas
les éléments de grâce, de force, d'énergie nécessaires et ne croyait notre idiome bon qu'à

répéter des *puérilités naïves* (1). En effet, notre langue n'avait pas encore cette noblesse que demandent les œuvres de longue haleine ; elle pouvait badiner avec Marot, mais elle ne se prêtait pas encore à l'expression des idées sérieuses de la philosophie et de l'histoire. D'ailleurs, écrire en français était difficile, et le choix entre d'innombrables variétés de langage devait bien embarrasser les auteurs : je ne sais si je m'avancerais trop, en disant que de Thou n'osa pas s'engager dans une telle entreprise et qu'il préféra se servir d'un idiome fixe et immuable. « Il étudia la langue de Tite-Live, et dans son imitation de cet historien, imitation qu'il se proposa constamment, il paraît avoir atteint cette diction majestueuse et lucide, ces tours heureux et élégants qui ont fait admirer l'écrivain de Padoue. Cependant il semble que l'on trouve moins d'apprêt, d'éloquence et de lenteur dans son style (2). » Les contemporains de J.-A. de Thou ren-

(1) Expression de Charron.
(2) Philarète Chasles, *Op. cit.*, p. 267.

daient hommage à la bonne latinité de sa
diction : « Votre style, lui écrivait Scaliger,
est bon latin, net et comme une naïve beauté
sans fard » ; et dom Vincent de Nogueyra,
conseiller de Sa Majesté Catholique à Lis-
bonne : « Passons à la phrase et à la diction
qui mérite assurément ce qui a été dit de
celle de Plaute, car il n'en peut être de plus
propre, de plus pure, de plus naturelle : elle
est d'une élégance parfaite, sans affectation,
les couleurs y sont des plus belles dans les
descriptions. »

Joseph Drusius, dans une lettre du 15 février 1605, loue également l'élégance et la
gravité du style de J.-A. de Thou (1).

(1) Plus tard, Perrault, dans *les Hommes illustres du dix-
septième siècle,* écrira que cet ouvrage est digne des anciens et que peut-être il surpasserait une grande partie
de ce que les Romains nous ont laissé en fait d'histoire,
s'il n'avait pas trop affecté de leur ressembler jusqu'à
latiniser les noms propres.

III

Les premières manifestations de l'opinion.

Les savants Français, Italiens, Allemands et Hollandais accueillirent avec joie l'histoire de J.-A. de Thou. Scaliger lui écrivait, de Leyde, le 20 juin 1604, que tous ses amis avaient voulu lire le premier volume et l'avaient grandement admiré. Cependant ils se permettaient quelques critiques, et Scaliger conseillait au président d'y faire droit.

« Encore que ce soit peu de chose, dit-il, il ne faut rien mépriser, quand ce ne serait que pour éviter la calomnie, outre qu'en histoire la moindre variété est réputée à erreur. » Juste Lipse, récemment nommé professeur à Louvain, accentuait ces critiques. Après avoir loué le style et l'arrangement de l'ouvrage,

il ajoutait : « Je souhaiterais que la liberté
avec laquelle vous avez écrit et qui n'est pas
du goût du siècle présent, ne vous eût pas
fait d'ennemis. Je vous conseille de corriger
ce qui paraît trop hardi, vous le pouvez, si
pourtant vous faites quelque cas du conseil
d'un ami. Je ne puis m'expliquer plus clairement : vous savez ce qui a révolté les esprits. Si j'eusse été près de vous, avant que
l'édition parût, je vous aurais dit ce que je
vous dis aujourd'hui, mais il en est encore
temps : il ne faut que corriger ces hardiesses
pour bien faire accepter votre livre (1). »

De Thou reçut fort mal ces observations
formulées cependant sous la forme la plus
bienveillante. Le 20 janvier 1605, il écrivait
à Scaliger : « Pressé par l'instance que m'a-
voit faicte M. de Casaubon, qui en avoit été
prié par lettres, j'avois écrit à M. Lipsius et
envoyé un exemplaire, et sembloit qu'il en
fût fort désireux, comme de chose non
vue. Il m'a écrit depuis peu de jours et me
fait cognoistre qu'il l'avoit jà leue et qu'elle

(1) Lettre du 7 novembre 1604.

lui déplaisoit fort et que la liberté de laquelle
j'ai escrit ne convient à ce siècle. Je ne sçay
si je luy dois faire réponse : il a fort changé
depuis qu'il a changé Leyden à Louvain. Je
suis le mesme que j'estois et seray, s'il plaît
à Dieu, tousjours prest à corriger ce que j'ai
mal escrit. Il m'exhorte fort à cette correction, mais il ne me dict pas en quoy; tellement que je ne suis pas pour recevoir ce
conseil, lequel il dict me donner comme amy;
ajoutant qu'il est fort marry, que devant l'é-
dition il ne m'en a pu advertir. Je crois
qu'il me renvoie à l'Inquisition, à laquelle il
est difficile que la liberté françoise se puisse
assubjettir. Il mériteroit une plus verte response que ne luy peux faire. Aimez-moi
tousjours et je mespriseroy aisément de telles
censures (1). »

Scaliger approuva complètement son ami,
comme lui, il fut indigné de la hardiesse de
Juste Lipse. Il est même plus violent que de
Thou, car, dans sa lettre du 16 avril 1605, en

(1) Tiré des épitres françaises à M. de la Scala,
imprimées à Harderwick, 1624, in-8, p. 501.

réponse à celle du président, il s'exprime
ainsi : « Celui qui vous a repris sur la liberté
du proême parle en esclave des *Loyolistes*, tel
qu'il est; qui est devenu si idiot que la plupart de ceux qui l'élevaient jusqu'au ciel, se
moquent de lui et commencent à dire δὶς
παῖδες οἱ γέροντες (les vieillards sont double-
ment enfants)... Vous ne devez, sauf votre
meilleur advis, luy faire response, car il ne
le mérite poinct. Je ne reste de luy escrire
malgré son idioterie, d'autant que je suis
constant en amitié. »

De Thou, cependant, craignait que l'opinion d'un homme aussi estimé que Juste Lipse
ne nuisît à son histoire, aussi le faisait-il prier,
par Casaubon, de ne pas publier la lettre qu'il
en avait reçue (1). En effet, les éloges n'étaient
pas unanimes, tant s'en faut, et, dans un écrit
anonyme de cette époque, trouvé parmi les
papiers de J.-A. de Thou, on lit ce qui suit :
« J'ai été charmé de la politesse de Marc

---

(1) « Salutat te peramanter et officiose magnus Thuanus, cujus historiæ ne aliquod præjudicium faciat publi-
catio epistolæ quam ad ipsum scripsisti, ut communis
ambeorum cultor, te velim rogatum. » (20 avril 1605.)

Velser, il n'y a qu'une chose qui m'a fait beaucoup de peine, c'est le jugement qu'il a porté sur l'histoire de de Thou. Il me parut en avoir mauvaise opinion, il en parla même avec aigreur : il ne put cependant me dire précisément ce qu'il trouvait à reprendre dans cette histoire, il me dit seulement que cet historien était trop favorable à la France. Ensuite arrivant à la religion, il a ajouté que l'histoire de de Thou faisait plus de tort au catholicisme que celle de Sleidan (1), à laquelle on s'en rapporte moins, à cause de la haine qu'il fait paraître pour l'Eglise romaine. Il s'étonnait que de Thou, écrivant dans un pays catholique, où il était revêtu d'une grande dignité, eût si souvent loué les protestants avec une espèce d'affectation et se fût fait leur avocat. Je lui représentai que le devoir d'un historien est de dire la vérité , il me répartit vivement : « Que votre de Thou se trahit bien dans le récit du supplice d'Anne

(1) Sleidan, professeur de droit à Strasbourg, mort en 1556 : *Comment. de statu relig. et reipubl.* Carol. V, Cors., arg., 1555, complété en 1556 et contin. usque ad annum 1564. Londorpius. Francof. 1619. 3 vol. in-4.

Dubourg! il ne peut s'empêcher de laisser échapper à ce sujet des exclamations et des gémissements presque tragiques. »

Cet écrit d'un ami du président est d'une importance capitale, car il montre que, parmi les savants, de Thou rencontrait des contradicteurs, qui signalaient, dans son histoire, non seulement des erreurs de dates, de transcriptions, comme Scaliger et de l'Escluse, mais des erreurs doctrinales, ce qui est bien plus grave. Il n'y avait pas que les *Loyolistes* et la cour de Rome, qui cherchassent querelle à de Thou. De toutes parts, les avertissements lui arrivaient : d'Allemagne, de Belgique, d'Angleterre (1) comme de France. Il serait trop long d'entrer dans le détail de ses négociations avec Georges Michel Lingelshcim, conseiller de l'électeur palatin à Heidelberg, au sujet de corrections à intro-

---

(1) Christophe de Harlay, ambassadeur de France en Angleterre et neveu de de Thou, lui écrivait de Londres, le 10 mars 1604 : « Je pense que vous ferez bien pour quelques temps de surseoir à imprimer jusqu'à l'année XC; car je craindrai que vous ne puissiez résister aux oppositions de ceux qui ont regret de voir leurs pères notés. »

duire dans ce qui touche aux affaires d'Allemagne. Rappelons seulement, en passant, les
efforts que tentèrent, auprès de de Thou, Jacques Ier et le savant Camden, pour obtenir
une modification au jugement porté sur Marie
Stuart. De Thou s'en était rapporté aux écrits
de Buchanan, historien partial et ingrat, qui,
après avoir reçu les bienfaits de cette prin-
cesse, devint l'un de ses plus violents détrac-
teurs. Convaincu à tort de la vérité de ses
assertions, de Thou n'eut point égard à cette
réclamation; aussi, quand, plus tard, son fils
passant en Angleterre, alla présenter ses
hommages au roi, Jacques Ier le reçut avec
ces paroles : « Comment! le fils du pédant,
qui a dit tant de mal de ma mère, ose se
présenter devant moi (1). » Le reproche
était sanglant, mais bien mérité.

La cour de Rome, en déférant l'histoire de
de Thou à la congrégation de l'Index, répondit au sentiment général des catholiques
qui trouvaient cet ouvrage dangereux pour
la religion.

(1) Sægrœus. Mem. aned., 1729, p. 173.

Les protestants ont, dès le principe, fait grand cas de l'Histoire de J. A. de Thou. L'un d'eux, Pierre Denais, assesseur de la Chambre Impériale, à Spire, avait la franchise d'écrire au président, le 4 août 1605 : « Nous avons assez d'actions de grâces à vous rendre, outre l'obligation que nous vous avons, d'avoir clairement exposé les faits. Que de calomnies inventées contre nous, n'avez-vous pas solidement réfutées ? Combien de grands hommes, que l'imposture avait noircis, avez-vous justifiés et vengés ! Renonçons aux noms odieux de faction et de parti. » Dans son *Histoire du seizième siècle* (t. VII, page 1), le ministre David Durand s'étonne que les calvinistes de France ne se soient pas empressés de traduire l'Histoire de J. A. de Thou, « qui est proprement la leur (1) ». Bossuet avait donc raison quand, dans ses discussions avec les protestants, il

(1) Nous verrons plus loin que les calvinistes de Genève en entreprirent de bonne heure une traduction, mais que le roi de France, à la sollicitation du président, en défendit l'impression.

invoquait l'autorité de J.-A. de Thou, il était sûr qu'ils ne la récuseraient pas (1).

De Thou, cependant, n'est pas protestant, c'est ce qu'il importe de montrer.

(1) *Histoire des variations et défense de la même histoire,* c. XXXVIII-XXXIX.

IV

Les idées religieuses de J.-A. de Thou.

Toute sa vie, de Thou a protesté qu'il était catholique et qu'il mourrait catholique (1); mais, tout en reconnaissant qu'il n'abandonna jamais la religion de ses pères, la critique doit dire que de Thou était un catholique fort peu respectueux à l'égard de certaines institutions nécessaires du catholicisme (2).

(1) A sa mort, il avait (depuis 1601) le titre de père temporel et de protecteur de l'Ordre de Saint-François, dans le royaume. Il fit achever l'église des Cordeliers de Paris.

(2) Scipion du Pleix dit, en parlant de de Thou, dans son *Histoire de France*, « que c'était un personnage illustre en extraction, alliance, dignité, intégrité et doctrine; qu'il a écrit l'histoire en style élégant et florissant, mais qu'ayant donné quelques atteintes au Saint-Siège et à quelques ordres religieux, cela était cause que quelques

Le libre examen, proclamé comme un droit en matière religieuse, avait séduit bien des esprits, qui, sans aller jusqu'à la réforme, se composaient une religion toute personnelle. Ils formaient ce que l'on appelait en France le parti des parlementaires et des politiques. Ce parti était puissant, et le triomphe d'Henri IV, qui fut son œuvre, lui donna encore plus d'importance. Les magistrats, les hommes de loi et beaucoup de ceux qui participaient à l'autorité publique, étaient imbus des idées parlementaires. Ils étaient gallicans, pour les besoins de leur cause, parce que la théorie des gallicans, sur les rapports de l'Etat, pouvait, à la rigueur, cadrer avec leurs propres idées.

Ils y ajoutaient un certain nombre de traditions, remontant aux vieilles querelles de Philippe le Bel et de Boniface VIII, qui

gens de son temps avaient mauvaise opinion de sa croyance, mais que la profession qu'il avait faite toute sa vie de la religion catholique, apostolique et romaine, et la soigneuse institution de ses enfants à la dévotion étaient de puissants arguments pour en faire un jugement contraire. » (Cité par Sorel, dans sa *Bibliothèque françoise*. Paris, 1667; in-12, p. 33.)

avaient constitué, en France, ce gallicanisme
légiste toujours réprouvé par les évêques de
notre pays et qui, à plusieurs reprises, fut
un danger pour l'Église et pour l'État (1).

Successeurs des légistes et accoutumés à
lutter contre le Saint-Siège, les parlementaires devaient fatalement tomber dans le
Césarisme.

De Thou est un parlementaire, il défen-
dra opiniâtrement ce qu'il appelle les droits

_____

(1) Au seizième siècle, la réforme força les catholiques
à se grouper autour du chef de l'Église. L'union était
nécessaire pour combattre l'ennemi commun ; les doctrines favorables aux privilèges du Saint-Siège repri-
rent le dessus, la vieille querelle des gallicans fut pour
un instant oubliée. La Ligue en est la preuve.

L'esprit catholique, surexité par les malheurs de
l'Église, trahi par la royauté, menacé du règne prochain d'un hérétique, s'emporta avec une extrème violence. Sans doute, il faut rendre un hommage mérité
à l'élan national qui sauva l'intégrité religieuse de la
France, mais on ne peut amnistier des excès, qui trouvèrent d'ailleurs, dans les souverains pontifes, d'in-
flexibles censeurs.

Ces excès rejetèrent à l'extrémité opposée beaucoup
de ceux qui en avaient été témoins et contribuèrent à
grossir le parti des politiques, ces hommes qui, selon
du Perron « ne sont que de froids et irréligieux catholiques et qui n'ont d'autre loi que la volonté du roi ».

de la couronne. Il trouvera tout naturel que
le Parlement intervienne dans les discussions
religieuses, qu'il cite à sa barre les docteurs
de la Sorbonne, pour leur ordonner de condamner les doctrines qui lui semblent me-
naçantes pour l'autorité du roi (1). Il pro-
testera contre les décisions de tribunaux
romains (2), mais il trouvera excellent, nécessaire même que le Parlement dressé un
Index, dût-il y comprendre les bulles du
Pape, sous prétexte quelles sont préjudicia-
bles aux libertés du royaume. Le Parlement,
à ses yeux, sera un concile laïque, dont

(1) « Lors du procès de Ravaillac (1610), de Thou
fut d'avis que, puisque les défenseurs des idées ultramontaines publiaient des livres remplis de dogmes
pernicieux, tendant à persuader, au peuple simple et
crédule. que les royaumes et les rois ne subsistaient
et ne tombaient qu'autant qu'ils méritaient la faveur
ou la haine de la cour de Rome, que les évêques,
aveuglés par le désir d'obtenir un jour la pourpre
romaine, fermaient les yeux sur de si grands abus, il
était à propos que le Parlement ordonnât, par un arrêt,
aux docteurs de Sorbonne, d'examiner ce qui était de
droit divin et ce qui était l'ouvrage de la malice des
hommes, en cette matière. » (Voir Rigault, suite de
l'*Histoire de J.-A. de Thou*, l. III.)
(2) Voir sa lettre à Scaliger, p. 52.

les décisions n'admettent pas la discussion.

Il verra, dans le Pape, un ennemi contre les empiètements duquel il faut sans cesse se mettre en garde. Sans doute, pour la direction de sa conscience, il admettra bien que les décrets du Pape, approuvés toutefois par un concile général, sont obligatoires, mais, pour tout le reste, dans toutes les autres circonstances, il jugera de son devoir d'examiner de près les bulles, les brefs, les pièces quelconques, émanant du Saint-Siège, pour s'assurer qu'elles ne soutiennent rien de contraire aux libertés gallicanes. Encore s'il se fût agi de droits certains et de libertés légitimes, mais on sait que ces droits allégués par nos parlementaires, ces libertés dont ils faisaient tant de bruit, ne s'appuyaient que sur des principes très contestés partout ailleurs qu'en France et en France même, par toute une école de théologiens.

Dès sa jeunesse, dans sa famille même, de Thou puisa ces idées dont il ne devait jamais se départir(1). Il est Français et royaliste

(1) Nicolas de Thou, son oncle, présida l'Assemblée

avant tout, il sera catholique après, s'il le
peut. Son ami Fra Paolo Sarpi, le théologien
de la république de Venise, ne parlait pas
autrement.

La réforme avait tant attaqué les Papes;
pour les décrier, elle avait usé si largement
de tous les moyens, que, dans bien des esprits même catholiques, il en était resté
quelque chose. Les écrivains catholiques
eux-mêmes paraissent avoir perdu ce respect profond et traditionnel qu'inspirait le
Saint-Siège. Ils ne nient pas son autorité,
mais ils croiront pouvoir, sans crime, attaquer la vie privée des Papes, mettre en
lumière bien des misères, que la méchan-
ceté publique ne demandait qu'à publier
et à exagérer.

Souvent, il est plus difficile d'excuser la
liberté de langage de ces catholiques attiédis,
que les virulents pamphlets des réformés,
qui ont du moins l'avantage de combattre
un ennemi.

des 28 prélats qui — le 21 sept. 1591 — déclarèrent la
bulle d'excommunication, fulminée contre Henri IV,
« nulle, injuste et suggérée par la malice des étrangers
ennemis de la France ».

V

Critique de l'histoire de J.-A. de Thou.

Dans sa préface, de Thou déclare que, pour composer son livre, il s'est servi des documents publics, des livres publiés durant les événements même; il ajoute qu'il les a examinés avec soin et qu'il en a retranché tout ce que la malveillance avait pu y introduire. « J'ai consulté ma conscience, dit-il, j'ai examiné avec attention si quelque reste de ressentiment m'écartait du droit chemin : j'ai adouci autant que j'ai pu les faits odieux par mes expressions, j'ai été retenu dans mes jugements pour me montrer aussi dégagé de haine que de faveur. » De Thou puise à toutes les sources, mais il se rend compte des inconvénients qu'il

doit éviter. Il est très difficile, en effet, de
distinguer le vrai du faux, dans des écrits
tout empreints des haines du moment, et
de rendre à chacun la justice qui lui est due.
Sans doute, en rapprochant les assertions
contradictoires des divers partis, on peut
arriver parfois à d'excellents résultats, mais
que de points restent obscurs et combien il
faut se défier de ses propres lumières.
Fénelon, dans sa lettre à l'Académie, exige
de l'historien qu'il ne soit d'aucun temps,
d'aucun pays. « Il évite, dit-il, également
les panégyriques et les satires, il ne mérite
d'être cru qu'autant qu'il se borne à dire,
sans flatterie et sans malignité, le bien et le
mal. Toute sa critique se borne à donner
comme douteux ce qui l'est et à en laisser
les décisions au lecteur, après lui avoir
donné ce que l'histoire lui en fournit. »
Voilà l'idéal de l'historien, mais cet idéal
n'a jamais été atteint, par cette raison bien
simple, qu'il n'est pas possible à un homme,
quelle que soit la vertu, d'échapper absolument aux influences du présent.

L'historien est toujours de son temps; il

a, en écrivant, ses idées arrêtées, sa manière
de voir et de juger les choses. Par un effort
de volonté et d'intelligence, il pourra s'élever
au-dessus des idées courantes, des préjugés
répandus, mais lui demander une indifférence rigoureuse et absolue, c'est lui
demander l'impossible, car il est homme et
jamais un homme ne peut être sans affection et sans haine : l'éducation qu'il a reçue,
la société au milieu de laquelle il vit, ses
principes en religion et en politique, sont
autant de causes qui déterminent son jugement, en dehors de tout examen des faits.
Sans doute, je suis loin de nier qu'un
historien puisse écrire loyalement et fidèlement le récit de certains événements, mais
je ne crois pas que l'on puisse s'en rapporter
à son appréciation, sans la contrôler, du
moins de temps en temps. Cela est vrai pour
le récit d'événements lointains, auxquels il n'a
pris aucune part, et qui ne le touchent en
rien ; combien le même principe aura-t-il
plus sûrement son application, s'il s'agit
d'événements contemporains, discutés avec
passion par les partis, d'événements auxquels

le narrateur aura été mêlé? Alors demander
l'indifférence à l'historien, admettre qu'il
condamnera ses amis et saura toujours
donner raison, quand il le faut, à ses ennemis, c'est absolument invraisemblable.
Aussi, quand de Thou proteste qu'il écrit sans
haine et sans amour, j'accepte sa protestation
pour ce qu'elle vaut, et je lui réponds que
lui, pas plus qu'un autre, ne peut faire l'impossible.

Après trois siècles, nous sommes encore
embarrassés pour porter un jugement sur
l'époque racontée par le président, comment admettre que lui, au lendemain des
faits, ait pu avoir le regard assez lucide
pour percer tous les nuages et voir toujours
et en tout la vérité? Qu'il ait fait des efforts;
je n'en puis douter, il l'affirme et je dois le
croire, mais le résultat est là pour démontrer
qu'il n'a pas toujours réussi. Sans doute, je
n'irai pas jusqu'à dire que de Thou trouva,
dans la bibliothèque de son père, un ton-
neau rempli de libelles et de pamphlets,
et qu'il se contenta de les revêtir d'un style
plus élégant pour en faire le fond de son

histoire (1). C'est là une rumeur populaire
dont on peut se prévaloir dans une discussion passionnée, mais qu'il est impossible
d'introduire dans une étude calme et sans
parti pris de critique.

Il est permis, cependant, de dire que le
président ne se défie pas assez des calomnies et des insinuations malveillantes. Il
rejette les pamphlets de la Ligue, mais il
accorde une certaine autorité à ceux des

(1) Quelques passages de l'*Hist. Univ.* paraîtraient
donner raison à cette accusation. Citons-en un seul.

Au seizième siècle, la réforme, en attaquant le culte
des Saints et, en particulier, celui de la sainte Vierge,
provoqua dans le peuple une puissante réaction. Ainsi
ce fut à cette époque, sous Catherine de Médicis, que
l'on plaça, à Paris et dans les villes de provinces, des
statues de la Vierge et des images des Saints, au coin
des rues. De Thou en prend occasion pour accuser
encore les catholiques et, d'après lui, ce n'était qu'un
piège tendu aux protestants. Voici, du reste, ce qu'il
en dit, au livre XXIII : « Ce fut alors (1559) qu'on
plaça dans les villes et surtout à Paris, au coin des
rues, de petites Notre-Dame et des images des Saints,
ornées et couronnées de fleurs, devant lesquelles on
allumait des cierges et des chandelles. Des valets, des
portefaix, des porteurs d'eau et d'autres gens de la
lie du peuple, s'assemblaient devant ces statues et y
chantaient des cantiques d'une manière jusqu'alors

huguenots, des politiques et des partisans
du roi de Navarre. Il en résulte qu'il va
toujours déchargeant ceux qui font profession de la religion nouvelle. Il se montre
toujours favorable à Coligny, à ses frères,
à la reine de Navarre, au prince de Condé
et aux autres seigneurs qui prirent les armes
contre le roi, et semble croire que les protestants avaient raison de revendiquer, les
armes à la main, ce qu'on leur refusait. Pour

inouïe, au mépris de la discipline de l'Église et des
fonctions sacrées de nos prêtres. Près de ces images
étaient posés de petits troncs où les passants étaient
forcés, par des gens chargés de cet emploi, de mettre
de l'argent pour l'entretien des lumières. Si on refusait
de payer, si on passait devant les statues sans les saluer,
quoique ce fût sans dessein, si on ne s'arrêtait pas
avec respect lorsque le bas peuple entonnait ces chants
ridicules, on était aussitôt maltraité ou suspect d'hérésie et on se croyait heureux de n'avoir eu que des
coups, de n'avoir été que traîné dans la boue et traîné
en prison sans perdre la vie. »

Probablement ce n'est là que la reproduction d'un
pamphlet huguenot; j'aime mieux croire que de Thou
s'en est trop rapporté à un témoignage suspect, qu'admettre qu'il a de lui-même tracé ce tableau si chargé
de noires couleurs. J'aime mieux mettre en doute la
sûreté de sa critique, que la pureté de sa foi, et faire
retomber sur d'autres l'odieux de telles accusations.

les chefs du parti catholique, c'est différent, les Guises (1), en particulier, sont l'objet de sa haine constante. C'étaient cependant de grandes et nobles figures; lors même qu'ils auraient eu de l'ambition et auraient caché leurs convoitises sous les apparences de la religion, ils défendaient le parti le plus juste, celui de la religion et du roi. Qu'ils soient à l'abri de tout reproche, je ne le prétends pas ; mais n'y a-t-il rien à reprendre dans les chefs du parti; dans le prince de Condé; dans le cardinal de Châtillon, qui avait scandalisé l'Eglise par son apostasie; dans Jacques Spifame, évêque de Nevers; dans Jean Caracciol, évêque de Troyes, qui avaient quitté leurs évêchés pour se faire protestants? Sous le spécieux prétexte qu'en temps de paix, il ne faut dire de paroles injurieuses de personne, de Thou veut

(1) De Thou dit, au livre V de son histoire, que le cardinal de Lorraine était le pourvoyeur des débauches de François II. « Joannes Lotharingus, cardinalis, solo libidinum ministerio et stolida liberalitate Francisco carus erat. » C'est une injure ramassée dans la rue ou dans les libelles protestants. Il est permis de ne pas aimer un homme, mais jamais de l'insulter ainsi.

établir entre catholiques et protestants une égalité impossible (1). Il ne s'en tient même pas là et ne garde pas la neutralité entre les partis ; tandis qu'il laisse paraître la plus grande sympathie pour les protestants, il réserve sa sévérité, l'injustice même pour les Souverains Pontifes. Quelques exemples suffiront pour l'établir.

Après avoir raconté par suite de quelles circonstances, Henri VIII s'était déclaré chef de l'Église d'Angleterre (2), il continue : « Dans le reste de sa vie, il se comporta de telle sorte, que s'il eût trouvé en face de lui des papes plus justes et plus

(1) De Thou n'aimait pas les Jésuites, mais il n'était pas plus sympathique aux autres religieux. Il fit imprimer à Tours, en 1589, une pièce dédiée à d'Ossat, où se trouvaient les vers suivants :

Scelera atque examina mille
Monstraque sub rigidis latitentia Bardocucullis
Virtutum regnare loco et sibi sumere nomen.
Denique prostibulum et spurca impietatis asylum
Nostra Dei tandem factum per crimina templum.

Dans ses Mémoires, il cite cette pièce, en omettant environ deux cents vers, parmi lesquels ceux-ci. Ce n'était pas à tort, on le voit.

(2) *Hist.*, lib. I.

prudents, il est *certain* qu'il se fût soumis à leur autorité, mais voyant qu'il ne pouvait se réconcilier à aucun prix, etc... » Ainsi donc le schisme de l'Angleterre ne retombera pas sur les passions brutales de Henri VIII, mais sur l'injustice et l'imprudence des papes (1).

Ailleurs il louera Jean Knox, ce prêtre écossais, qui abandonna l'état ecclésiastique et composa les livres pernicieux qui mirent l'Ecosse en feu (2).

Pierre Martyr, calviniste, lui semble un héros, mais il a bien garde de dire que ce moine quitta son couvent de Padoue, pour se livrer à tous les dérèglements, et qu'il alla en Angleterre prêcher la réforme, suivi d'un troupeau de femmes (3).

---

(1) Cependant, dans l'espace de trente-huit ans, Henri VIII a fait exécuter deux reines, deux cardinaux, deux archevêques, dix-huit évêques, treize abbés, cinq cents prieurs et moines, trente-huit docteurs, douze ducs et comtes, cent soixante-quatre gentilshommes, cent vingt-quatre bourgeois, cent dix femmes. Ces chiffres sont assez éloquents.

(2) *Hist.*, lib. III.

(3) *Ibid.*, lib. III.

Par contre, les jugements de l'historien
sur certains papes sont d'une sévérité ou-
trée. Cela vient de ce qu'il s'en rapporte
trop aux auteurs italiens, qui, partisans des
ennemis politiques du Saint-Siège, ne mé-
nageaient aux papes ni les accusations ni
les reproches. C'étaient des pamphlétaires
plutôt que des historiens sérieux, cependant de Thou accepte leur témoignage sans
le discuter : souvent aussi il reproduit le
récit des auteurs protestants et, parmi ses autorités, il place Buchanan à côté de Guic-
ciardini, Sleidan à côté d'Onuphre Panvini (1).

On est certainement en droit de penser
que la politique guerrière de Jules II laisse
à désirer, mais il ne faut pas oublier qu'il

_____

(1) De Thou cite très souvent les *Mémoires* de François
de la Noue (mis à l'index en 1609) et l'*Histoire ecclésiastique* de Théodore de Bèze. Pour l'Italie, il s'en rapporte
à Foglietta, Philippini, Bizaro, Bonfini, Paul Jove, que
César Cantu, dans son *Hist. univ.* (Didot in-8°, t. XIV,
p. 389), appelle un dispensateur vénal de gloire et d'in-
vectives, et que Charles-Quint nommait, avec Sleidan,
ses deux menteurs, l'un disant trop de bien, l'autre trop
de mal de lui.

défendait les droits de sa souveraineté temporelle et que, en outre, il combattait en
Louis XII l'étranger, l'envahisseur du sol
italien. Si, à la rigueur, on peut lui reprocher de ne pas se montrer assez le père commun des fidèles, on ne peut lui refuser le
titre de patriote, ni révoquer en doute la justice de sa cause, qui était la cause nationale.
N'est-ce point par un patriotisme étroit et
mal entendu que de Thou se montre si dur à
son égard ? « Son humeur bouillante, dit-il,
qui dans l'âge le plus avancé lui faisait encore respirer le trouble et la guerre, ne lui
permit point de s'arrêter aux bienséances
de sa dignité pastorale, ni au souvenir des
obligations récentes qu'il avait à la France. »

Ce langage est déjà étrange, mais pourquoi le peindre en proie à une rage insensée : *Insanâ rabie omnia bellis miscendi* (1)?
Ne serait-il pas plus vrai d'attribuer l'ardeur
de Jules II, ses emportements, si l'on veut,
à la noble passion de chasser les étrangers
du sol de son pays ?

(1) *Hist.*, lib. I.

Alexandre Farnèse, qui fut pape sous le nom de Paul III, avait été marié avant d'embrasser l'état ecclésiastique et avait un fils, Louis Farnèse. Il eut le tort de vouloir en faire un duc de Parme et de Plaisance et d'aliéner, en sa faveur, une partie du domaine de Saint-Pierre ; mais, en somme, son pontificat, marqué par le concile de Trente, fut une grande époque pour l'Église. Néanmoins, de Thou est impitoyable pour ce pontife. Il l'accuse d'avoir laisser éclater son ambition dès qu'il eut été élevé sur le siège de saint Pierre, « bien qu'il eût réussi longtemps à la tenir cachée, par sa sobriété, sa science, l'air grave de son visage et des infirmités affectées (1) ». Plus loin, sur la foi d'un libelle très violent, attribué à Ochin, il l'accuse de s'être livré à l'astrologie. Dans sa dernière maladie, Paul III laissa échapper ces paroles du Psalmiste, qui disaient les amertumes de son cœur et la grandeur de son repentir :

« *Si mei non fuissent dominati, tunc immaculatus essem et emundarer a delicto maximo.* »

(1) *Hist.*, lib. I.

Ces paroles ne désarment point l'historien.
Il va jusqu'à reproduire un infâme libelle, où
l'on reproche au pontife les crimes les plus
odieux, parjure, assassinat, inceste et le
reste, puis il ajoute : « Soit que ces accusations fussent fondées, soit que la haine qu'on
lui portait leur ait donné créance, il est certain qu'elles ont déhonoré sa mémoire et sa
famille en Italie, et que la honte en est même
rejaillie sur le siège de Rome(1). » Qu'était-il
besoin de se faire l'écho de calomnies qui
se réfutaient d'elles-mêmes par leur énormité
et leur invraisemblance? L'intérêt de la vérité n'a rien à voir ici : de Thou, en se faisant
le porte-voix des libellistes italiens, devient
leur complice. Il est bon de remarquer qu'il
n'a pas un mot pour les flétrir, qu'il n'y a,
dans leurs accusations, rien qui le révolte.
De Thou n'est pas ici l'impartial annaliste
qu'il prétend.

En parlant de Jules III, il l'accuse de
s'être abandonné au plaisir et à toute sorte
de désordres. Sans doute, le cardinal d'Ar-

(1) *Hist,,* lib. I.

rezzo, qui avait fait concevoir de grandes
espérances, lorsqu'il présidait le concile de
Trente, ne les réalisa pas complètement
quand il fut monté sur le trône pontifical.

Il est malheureusement trop vrai que,
dans les circonstances difficiles où il se trouvait, il ne montra pas assez de résolution et
d'énergie, qu'il aimait trop le repos et la
bonne chère, néanmoins il fit continuer le
concile de Trente et travailla sérieusement
au rétablissement de la religion catholique,
en Angleterre. Il y a loin de là, aux assertions de l'historien français. A l'en croire,
Jules III aurait passé sa vie « au milieu des
jeux, des spectacles et des autres divertisse-
ments indignes de son caractère, sans
jamais penser aux affaires ». Puis, sur la foi
d'Onuphre Panvini, il raconte qu'il mourut,
moins épuisé par l'âge que par le genre de
vie qu'il aurait mené, d'une maladie con-
tractée pour n'avoir pas mangé, un jour,
les viandes qu'on lui servait ordinairement.
N'est-ce pas là accepter trop à la légère les
affirmations des auteurs que l'on consulte ?

De Thou ne craint pas de donner place

dans son histoire aux rumeurs populaires les moins fondées. Il nous représente (1) le cardinal Caraffa, nonce de Paul IV, comme un ambitieux et un intrigant qui n'avait aucun respect pour la foi des traités. C'est beaucoup déjà, mais que dire de ce qui suit : « Le cardinal fit son entrée à Paris, comme légat du Pape, avec les cérémonies accoutumées. On rapporte que le cardinal, qui était impie et se moquait ouvertement de la religion, en donnant sa bénédiction au peuple, qui se jetait à ses genoux pour la recevoir, au lieu des paroles ordinaires, répéta plusieurs fois : « Trompons ce peuple puisqu'il veut être trompé » *Quandoquidem populus iste vult decipi, decipiatur.* C'est prêter à un cardinal une impiété aussi gratuite qu'invraisemblable, et céder, sans raison sérieuse, au désir de dénigrer un représentant du Saint-Siège.

Sévère à l'excès pour tout ce qui, de près ou loin, touche à la cour de Rome, de Thou ne ménage ni son approbation ni ses éloges

_____

(1) *Hist.*, lib. XII.

à ceux qui, en France, défendent les doctrines césariennes et restreignent les privilèges du Saint-Siège.

Henri II, sans consulter le Pape et après avis du Parlement, avait porté un édit sur les notaires apostoliques et sur la transmission des bénéfices ecclésiastiques; Charles Dumoulin s'était chargé de justifier cet empiètement du pouvoir royal qui tranchait seul une question mixte. Henri II, sur les réclamations du Pape, reconnut ses torts, et exila Dumoulin. De Thou approuve à la fois l'édit royal et l'apologie du jurisconsulte (1).

Les actes les plus étranges du Parlement lui semblent très légitimes. On sait que cette assemblée s'érigeait souvent en arbitre des querelles religieuses, et prétendait défendre les doctrines gallicanes par ses arrêts; de Thou lui en fait un titre de gloire. Après avoir rapporté l'arrêt du Parlement (1561) contre Tanquerel, le bachelier de Sorbonne, qui avait soutenu dans une thèse, *que le Pape, comme le seul vicaire de Jésus-Christ et*

(1) *Hist.*, lib. XXVIII.

monarque de l'Église, avait, pour le temporel
comme pour le spirituel, une puissance absolue
sur tous les fidèles, et qu'il pouvait dépouiller
de leurs royaumes les princes qui ne voulaient
pas se soumettre à ses décrets; il exalte « le zèle
de cette assemblée à venger le prince et à
punir toutes les entreprises faites contre Sa
Majesté (1) ». Cependant le prince n'était pas
attaqué et le royaume n'était pas en péril,
parce que, en Sorbonne, on avait défendu une
doctrine enseignée dans presque tout l'univers catholique. Qualifier cette doctrine de
séditieuse, c'était manquer aux lois de la
tolérance, dont le président se vantait. Il s'en
doutait bien et il craignait que la cour de
Rome ne s'en offensât; mais en vain disait-il
que *c'était un fait notoire et qu'il ne pouvait*
le passer sous silence, il pouvait le rapporter en
annaliste, et pourquoi louer des procédés si
contraires aux principes d'une saine théologie?

De Thou ne peut supporter que l'on
publie, en France, les décrets du Concile de
Trente. Bien des fois la proposition en fut

(1) *Hist.,* lib. XXXVIII.

faite : aux Etats de Blois, d'abord, puis aux
Etats tenus par la Ligue, à l'assemblée du
clergé de 1598, à la conférence de Fon-
tainebleau, enfin à l'assemblée du clergé
de 1605. Toujours cette proposition fut
écartée, sous prétexte que plusieurs décrets
de ce concile sont contraires aux droits et
aux privilèges de la couronne et à la liberté
des opinions qui, au lieu d'être contenues
par le pouvoir civil, tomberaient sous l'inquisition des évêques (1). Une chose digne de
remarque, c'est que le clergé est toujours
disposé à cette publication et que l'opposition vient toujours des parlementaires.
Ce sont eux qui relèvent tout ce qui est
contraire aux arrêts du Parlement et aux
édits des rois, et concluent à la nécessité de
ne pas les publier dans le royaume.

Aux Etats de Blois, le clergé en demandait
la promulgation ; le roi Henri III était sur
le point de l'accorder, mais l'avocat général
attaqua si violemment le concile, que les
évêques indignés le forcèrent au silence.

(1) *Hist.*, lib. CV.

Ne s'était-il pas permis de dire que « *le Saint-Esprit ne présidait pas à Trente, puisque, toutes les semaines, on l'envoyait de Rome aux Pères du concile, en valise* », faisant allusion aux rapports que les légats envoyaient au chef de l'Eglise, et aux réponses qu'ils en recevaient. Les parlementaires allèrent se plaindre au roi des *violences* du clergé, et le déterminèrent à ne pas publier ces décrets.

A l'assemblée du clergé de 1605, Jérôme de Villars, archevêque de Vienne, attribuait au défaut de publication du concile tous les maux dont souffrait l'Eglise de France, « *le relâchement de la discipline, les simonies, les pensions accordées aux laïques sur les biens ecclésiastiques, les pactes illicites, les fréquents appels comme d'abus* (1). » Toujours la demande des principaux intéressés resta sans réponse. De Thou est toujours favorable aux défenseurs des principes légistes et parlementaires; jamais il n'a un mot de

(1) Il faisait aussi remarquer que tout le monde chrétien avait reçu le concile et que la France seule s'obstinait à en refuser la publication.

blâme, même pour leurs excès de langage (1).

En résumé, de Thou, dans son Histoire, manifeste toujours une grande sympathie pour les protestants et prend volontiers leur défense contre les catholiques; d'autre part, ses appréciations sur quelques papes sont évidemment inspirées par ses préjugés parlementaires et régaliens. A ces préjugés aussi, il faut attribuer les louanges qu'il accorde à certains actes inexcusables du Parlement.

Sympathie pour les protestants, parti pris de critique envers les catholiques, hostilité envers les papes, défiance envers le concile de Trente : tels sont les griefs que l'on peut articuler contre l'Histoire de J.-A. de Thou.

---

(1) Il faut citer, ne serait-ce que pour mémoire, d'autres reproches moins graves, qui ont été faits à de Thou. On remarquait avec surprise qu'en parlant des saints, il les désignait simplement par leur nom, sans le faire précéder d'aucun titre honorifique, comme le pratiquaient l'Eglise et les catholiques ; cela semblait d'autant plus étrange que les protestants seuls se permettaient ce langage. Il appelait la Sainte Eucharistie la Cène, comme les calvinistes. Ce sont là, je le sais, des détails, mais ils ont leur importance, surtout à une époque de querelles religieuses et de discussions théologiques.

On comprend que la cour de Rome se soit émue, qu'elle ait tenté d'obtenir du président un certain nombre de corrections et que, après bien des négociations infructueuses, elle ait censuré son Histoire.

TROISIÈME PARTIE

~~~~~~~~

J.-A. DE THOU ET LA COUR DE ROME

———————

Les démêlés de J.-A. de Thou avec Rome comprennent trois périodes distinctes. La première s'étend, depuis le jour où l'histoire fut déférée au Saint-Siège, jusqu'au moment où Caracciolo publia son rapport à la congrégation de l'Index, 1604-1606; la seconde va depuis la publication de ce document jusqu'à la condamnation définitive, 1606-1609; la troisième enfin, la plus courte, fut remplie par les négociations tentées en vue d'arriver à une entente, après la condamnation. Elle ne renferme guère que deux années 1610-1611, car il ne paraît pas que les négociations, rendues inutiles par l'attitude du président et du Parlement, aient été poussées plus loin.

Nous allons étudier successivement ces trois périodes et essayer de suivre la marche du procès.

PREMIÈRE PÉRIODE

1604-1606

I

Le premier volume de l'*Histoire universelle* fut offert au roi Henri IV. Il renfermait,
en dix-huit livres, le récit de ce qui s'était
passé, en Europe, durant une période de quatorze ans, de 1546 à 1560 (1).

(1) Une lettre de Casaubon à Juste Lipse donne
de curieux détails, sur ce premier volume. « Thuani
τοῦ πάνυ historia, paucissimis exemplis edita fuit, non
tam ut publicaretur, quam ut regi offerretur, volun-
tate illius casura aut statura, neque enim ambitione
impulsus vir ad eam scriptionem accessit. Itaque velut
periculi faciendi causa, edi suis sumptibus pauca exem-
plaria curavit. Nunc, cum rex magnus patrocinium
suum illi prolixe detulit, prælo iterum subjecta est a
typographis, quæ editio, ubi fuerit absoluta, statim ad
te mittetur, quod ut tibi significarem egit mecum
Thuanus. Puto inaudivisse te aliquid de sermonibus
multorum, ad primum libri illius conspectum, et dubi-
tamus adhuc μισαληθεία laborare hoc sæculum, si un-
quam ullum aliud? Atque illorum querelæ potissimum
sunt auditæ, qui in religionis negotio idem cum ipso
sentiunt. Indignum sit relatu quo processerit quo-

De Thou attachait une grande importance
à l'approbation royale. Il voulait s'en faire
un appui et une arme, pour résister aux
attaques qu'il prévoyait, et qui, dès le premier moment, ne lui manquèrent pas : ces
attaques lui vinrent de la part des catholiques, *qui in religionis negotio idem cum ipso
sentiunt*, dit Casaubon. Nous avons vu
qu'elles furent assez vives en Allemagne;
mais, en France, la crainte de déplaire au
roi arrêtait les contradicteurs (1).

rumdam furor. quamquam nemo ita fuit impudens
qui palam γογγύζειν auderet. » (Lut. XII, Kal. apr. 1604.)

(1) Henri IV avait donné volontiers son approbation
à de Thou, qu'il aimait et qu'il estimait. D'ailleurs, il
se souvenait des horribles années où Catherine de
Médicis, pour protéger le pouvoir royal, faisait rendre
une ordonnance portant qu'on ne pouvait imprimer aucun
livre, sans permission du roi, sous peine d'être pendu.
Il savait que cette législation draconienne avait été
sans résultat, et il ne voulait pas y recourir. Il permettait d'imprimer presque toutes choses, dans les
imprimeries publiques ou privées; c'était en somme
la liberté de la presse, telle que pouvaient la concevoir,
en ce temps, les plus larges esprits.

Henri IV affectait de rester dans les régions supérieures et de laisser le champ libre à toutes les discussions. (Leber, *de l'État de la Presse*, p. 17. Labitte.
les Prédicateurs de la Ligue, introduction, p. 50.)

Cependant l'alarme était donnée, et le Nonce avait porté lui-même au roi les plaintes des catholiques. Henri IV en fut mécontent, car il écrivait à M. de Béthune, son ambassadeur à Rome, sous la date du 4 mai 1604 : « Quand le Nonce m'a parlé et fait plainte du livre du président de Thou, il a cogneu le déplaisir que j'en ai receu et comme j'ai commandé le cours et la vente d'iceluy qui a été faite. » L'épître dédicatoire avait surtout tellement plu au roi, qu'il avait donné l'ordre de la traduire en français (1).

De Thou envoya sur-le-champ des exemplaires de son histoire à tous ses amis, Du Vair, président du Parlement d'Aix, Fra Paolo Sarpi, Scaliger, Gruter, Velser, de l'Escluse, J. de Meurs, à tous ceux enfin qu'il croyait capables de juger son œuvre, ou bien

---

(1) « Monsieur le trésorier Sainte-Marthe me compta, ces jours derniers, que le roi avait pris un singulier plaisir au subjet de l'épistre dédiatoire de l'Histoire de France de M. de Thou et lui avait recommandé de la faire traduire en français et puis l'imprimer, ce qui a été ja faict par le fils du défunt Hottoman, jurisconsulte. » (Extrait d'une lettre de Vertunien, à Scaliger. Epitres françaises. Harderwych, p. 355.)

en état de lui rendre service. Il n'oublia pas
d'en faire tenir un exemplaire aux cardinaux
de Joyeuse (1) et d'Ossat, alors chargés du
protectorat des affaires de la France à Rome.
Il espérait qu'ils lui seraient favorables et
pourraient défendre ses intérêts auprès de
la cour romaine, déjà informée des critiques
qu'on faisait du nouveau livre.

Il faut croire que les cardinaux ne se
hâtèrent pas de lui répondre, et que ce retard
impatientait le président, car, dès le 24 janvier 1604, il écrivait à Christophe Dupuy (2),
alors secrétaire du cardinal de Joyeuse. « Je
crois que Mgr le Cardinal aura reçu mon

(1) François de Joyeuse, né en 1562, d'une des meilleures et des plus anciennes familles du royaume, avait
reçu une éducation soignée. Il devint successivement
archevêque de Narbonne, de Toulouse et de Rouen.
On estimait sa prudence, sa sagesse et sa grande capacité; aussi fut-il chargé des affaires les plus importantes sous le règne de Henri III, Henri IV et Louis XIII.
Il mourut à Avignon en 1615. De Thou, après la mort
de sa première femme, avait épousé Gasparde de la
Chastre, fille de Gabrielle de Batarny, tante du cardinal.
(2) Christophe Dupuy, théologien français, né à
Paris vers 1580, mort à Rome, en 1654, rendit à de
Thou de très grands services. Parent et ami du président, il s'employa tout entier auprès des cardinaux

Histoire et qu'il en aura baillé un exemplaire
à Mgr le cardinal d'Ossat. Je ne doute pas
qu'elle ne soit soigneusement examinée,
voire *usque ad calumniam*. Je vous prie de recueillir diligemment ce que vous en appren-
drez, et me le faire savoir, plus grand plaisir
ne me sauriez faire. » Il le conjure d'aller
trouver le cardinal d'Ossat et de prendre
garde également à ce qu'il en dira. « Je
pense bien, continue-t-il, qu'il m'en écrira,
mais je serai bien aisé de savoir d'ailleurs ce
qu'il en pourra dire. »

Les démarches de Dupuy ne furent pas inutiles, car, quelque temps après, le cardinal
de Joyeuse écrivit à de Thou. Dans sa lettre,

pour empêcher que l'*Histoire universelle* ne fût mise
à l'Index. Si la condamnation fut retardée si longtemps, c'est à Dupuy qu'il faut l'attribuer. De Thou,
sachant qu'il pouvait compter sur son absolu dévoue-
ment, le charge d'une foule de démarches délicates
et s'en rapporte souvent à sa prudence et à son habileté, pour mener à bonne fin toute cette affaire. Le
cardinal Séraphin disait, dans une lettre du 29 septembre 1607, adressée à de Thou : « M. Dupuy s'est
montré diligent au possible en tout ce qui vous touche
et n'a laissé aucune occasion où il s'agit de votre service. » Ce n'était que l'expression de la vérité.

il s'excuse de n'avoir pas encore lu en entier
le livre qu'il a reçu, il se déclare incapable
de juger une telle œuvre, mais il reconnaît,
dans, ce qu'il en a lu, un savoir et un jugement dignes d'un tel sujet et de l'auteur, et
il fait des vœux pour que tout le monde
accueille ce livre, avec l'honneur qu'il mérite.
(Lettre du 25 janvier 1604.)

Cette lettre si vague ne satisfait point de
Thou, qui se hâte d'écrire directement au
cardinal, pour lui demander, de nouveau
son appréciation plus explicite. Il va au-de-
vant des objections qu'il prévoit, se défend
de ce qu'il appelle une calomnie et se déclare prêt à modifier tout ce qui serait contraire à la révérence du Saint-Siège, en la
quelle, dit-il, « j'ai toujours vescu et veux
mourir, estimant que les mœurs ne doivent
jamais empescher de rendre l'obéissance que
nous y devons pour la doctrine et la discipline (1) ».

(1) Voici cette lettre qui vaut la peine d'être rapportée
en entier.

« L'œuvre est fait il y a dix ans et a été imprimé
à diverses fois, moi étant occupé tant en ce qui suit

En même temps, de Thou pressait son correspondant Dupuy de le tenir au courant de l'opinion, à Rome. Il n'était rien moins que rassuré, car il savait que les endroits où il parle des papes Jules II, Paul III et Jules III, ainsi que du cardinal Caraffa et de Charles Dumoulin, devaient susciter bien des critiques. Il avouait d'ailleurs qu'elles étaient justes, et alléguait seulement, pour excuse,

qu'en autres charges publiques, qui ne me donnaient guère loisir de revoir ce que j'avais écrit; bien vous puis-je assurer qu'il n'y a rien qui ne soit fidèlement tiré des livres du temps et la plupart, pour ce qui regarde l'Italie, des Italiens mêmes, que je garde soigneusement pour me défendre contre la calomnie, dont je sens déjà ici la pointure. Je ne veux pas nier que le style franc et libre, tel que mon naturel est, aliéné de toute dissimulation, comme aussi de toute haine et partialité, se peut ressentir du temps auquel a été écrite cette première partie; et qu'encores que j'y aye beaucoup apporté dès lors de tempérament, pour adoucir l'aigreur des esprits merveilleusement envenimés au temps de ces premiers mouvements; toutesfois il en peut encores rester beaucoup, et plus qu'il ne serait besoing, mais cet œuvre n'est escrit pour faire un accord et réconciliation avec les parties, ains pour représenter historiquement, c'est-à-dire avec la vérité, comme les choses sont passées. Je ne refuse néanmoins votre censure, et celle de Mgr le cardinal d'Ossat, et de tous autres juges équitables de ce mien

— 96 —

qu'il avait écrit en France, durant les troubles (1). Il était disposé à donner satisfaction à ses contradicteurs ; en attendant, ses ennemis de France étaient obligés au silence, grâce à la protection ouverte du roi. Dans la nouvelle édition, qui devait paraître bientôt, de Thou annonçait à son ami (3 avril

travail, qui est plus grand que l'on ne pourroit croire, attendu mesmement les occupations continuelles, parmi lesquelles je l'ai poursuivi si avant, que je l'ai conduit jusques à l'an 1593. Il y a deux endroits que je n'ai eu loisir de considérer qu'après l'œuvre du tout imprimé : l'un sur la fin du quatrième livre et l'autre sur le commencement et du suivant, que je voudrois en être retranché et de cette heure ce qui y est dit et escrit « indictum et non scriptum volo », touchant les papes Paul III et Jules III, car, encores que cela soit pris des escrits, lors divulgués en Italie, toutes fois je reconnois que la mémoire en doit être sobrement raffraischie, pour la révérence du Saint-Siége, en laquelle j'ai toujours vescu et veux mourir estimant que les mœurs ne nous doivent jamais empescher de rendre l'obéissance que nous y devons pour la doctrine et la discipline. Cela soit dit, s'il vous plaist, non seulement pour ces deux lieux, mais pour autres aussi, si aucuns se trouvent. J'espère en la prochaine édition. qui est ja sur la presse, satisfaire à ce que l'on pourroit requérir en cela, et seroit bien aisé cependant d'être adverti, s'il y a autre chose que l'on désire de moi. » Février 1604.

(1) Lettre du 25 février 1604.

1604) « qu'il y aura quelque chose de changé ou plutôt d'adouci, car de dire autrement les choses qu'elles ne sont, ou dissimuler la vérité, j'en ferais conscience ».

Sur ces entrefaites, le cardinal d'Ossat (1) était mort, de Thou perdait en lui un ami dévoué sur lequel il paraissait compter beaucoup (2), mais à tort, car il n'avait pas même répondu à l'envoi de son livre.

Les critiques, qui se précisaient chaque

(1) Arnauld d'Ossat, né dans les environs d'Auch, fit de brillantes études. Son talent le signala à l'attention de Paul de Foix, qui l'emmena avec lui en qualité de secrétaire. A la mort de ce dernier, d'Ossat fut chargé des affaires de France à Rome : ce fut lui qui négocia la réconciliation de Henri IV avec le Saint-Siège. En retour de ses services, il fut nommé évêque de Rennes et créé cardinal, en 1598. Transféré à Bayeux en 1601, il mourut en 1604. Homme d'une grande pénétration, il sut toujours allier la politique et la probité. Ses lettres passent pour un chef-d'œuvre et sont un modèle de langue française, au seizième siècle.

(2) Lettre à Dupuy, 3 avril 1604. « La nouvelle de la mort de Mgr le cardinal d'Ossat « qui mensis proxime « elapsi initio fatis concessit » est arrivée ici, laquelle a fort troublé cette cour. Sa Majesté en a porté un grand regret, comme ayant perdu un serviteur et ministre très digne. En mon particulier, j'ai perdu un ami singulier. »

7

jour, irritaient de Thou : il accusait ses contradicteurs d'être les ennemis de la vérité. « La première loi de l'histoire, écrivait-il, est non seulement de dire la vérité, mais d'oser la dire hardiment. Pour plaire aux uns trop servilement, il ne faut pas violer les lois de l'histoire. Je ne crains point, ajoutait-il, que librement on me dise la vérité et je serais grandement blâmable, si je n'endurais patiemment que l'on parle librement de moi, puisque je veux que l'on endure que je parle librement des autres, pourvu que ce soit avec vérité et sans aigreur (1). »

Déterminé à céder sur quelques points, dans sa nouvelle édition, il demandait à Dupuy de faire valoir cet argument, pour désarmer les théologiens de Rome ; mais il attendait plutôt « grâce et loyer de la postérité pour son travail, que de ceux qui dispensent aujourd'hui les grâces ».

Le cardinal de Joyeuse envoya enfin à de Thou l'appréciation qu'il lui demandait.

_____

(1) *Passim*, lettre à Dupuy, 3 avril 1604.

Dans une lettre, datée de Rome, 4 mai 1604,
il lui annonce son prochain retour en France,
où il pourra l'entretenir longuement. « Ce-
« pendant, ajoute-t-il, je vous dirai seule-
« ment, que je ne puis que me conformer
« à votre advis et loüer grandement la résolu-
« tion que vous avez prise, de supprimer en
« la seconde édition, les deux passages que
« vous m'avez cottez en votre lettre; et juge
« cette seconde pensée digne de votre pru-
« dence et piété, estant fondée, comme vous
« dites, sur la révérence du Saint-Siège, sur
« laquelle et quelques autres points, qui sont
« en mesme considération, je veux aussi es-
« pérer qu'en cette revue et seconde édition,
« vous tascherez de donner la satisfaction
« qui se peut désirer; comme je laisse à
« juger à votre mesme prudence, combien
« cette procédure est non seulement reli-
« gieuse mais encore utile au bien et repos
« de l'Église et de l'Estat et à votre réputation
« mesme. » — C'était, sous une forme polie
et affectueuse, une critique absolument con-
forme à celles dont se plaignait de Thou.
Cette lettre dut fort embarrasser le prési-

dent. Je ne sais s'il répondit au Cardinal,
on ne trouve plus aucune lettre de lui, avant
le 14 novembre 1604.

Il songea peut-être, un moment, à arrêter
l'impression de son livre; c'est du moins ce
que laisserait supposer une lettre de Villeroy
à M. de Béthune, ambassadeur de France, à
Rome (1). Ce n'était pas cependant qu'il
reconnût son erreur, mais uniquement pour
ne pas déplaire au roi, à qui l'ouvrage sus-
citait des difficultés. Quoi qu'il en soit, de
Thou revint bientôt sur cette résolution.

(1) Villeroy disait dans cette lettre : « Je crois que
M. le président de Thou est marri d'avoir publié son
livre et qu'il ne s'y engagerait si avant, s'il était à
recommencer. Mais il faut manier ce fait doucement,
pour y apporter quelque remède qui ne peut être
autre, à mon advis, que d'en empescher la réimpression :
car pour l'amender et le corriger, il faudrait changer
une grande partie d'iceluy: chose difficile de faire.
Je luy en ai parlé par le commandement de Sa Majesté.
Il m'a assuré qu'il sera le premier à tenir la main
qu'il soit enseveli et qu'il ne s'en parle plus; non qu'il
estime avoir failli à l'histoire, ni qu'il se veuille des-
dire de ses opinions en ce qui concerne la religion;
mais parce qu'il ne veut faire chose qui désagrée à Sa
Majesté et porte préjudice à son service. » (De Thuani
historiæ in aula Gall. successu. t. VII, p. 5. Ed. Londres, 1733.

La seconde édition s'imprima et le président, qui y avait fait quelques changements,
exprimait à son fidèle correspondant Dupuy
combien il regrettait qu'un libraire mal
avisé n'eût porté à Rome, que des exemplaires de la première édition. Ils s'y ré-
pandirent bien vite; on se les arracha et
on releva les assertions hasardées et les
jugements erronés. De Thou, informé de
ce fait, en fut vivement contrarié, et,
dans sa lettre du 14 novembre 1604, à
Dupuy, il le conjure de bien faire remarquer aux théologiens romains que c'est à
son insu que l'on a introduit différents
passages dans sa première édition, en particulier ce qui est écrit sur le conclave qui
élut Jules III. — « Cela, dit-il, servira
d'avertissement à celui qui a charge de
revoir le livre, de s'attacher à la seconde
édition. » De Thou, en effet, avait atténué la
sévérité de son appréciation, tout en insis-
tant encore sur l'indigne choix qui fut fait
du cardinal del Monte. « Chose trop notoire,
non seulement à Rome, mais pour tout le
monde, pour pouvoir être omise. »

II

Ne pouvant plus compter, pour défendre
sä cause, à Rome, sur le cardinal de Joyeuse
qui était sur le point de rentrer en France (1),
de Thou se mit en peine de trouver un
nouveau protecteur, dont, plus que jamais,
il sentait le besoin. Son histoire, en effet,
était chaque jour étudiée avec plus de soin,
et depuis que l'on avait pu, à son grand regret, s'en procurer des exemplaires, les
choses en étaient venues à ce point que la
congrégation de l'Index, saisie de l'affaire,
avait déjà chargé un théologien de dresser
un rapport détaillé.

Grâce aux actives démarches de Dupuy,
qui avait à cœur toute cette affaire, comme
s'il se fût agi de lui-même, Séraphin Olivier,
nouvellement nommé cardinal, prit en main

(1) Le Pape l'envoyait, en qualité de légat, pour tenir
le Dauphin sur les fonts baptismaux. Il ne paraît pas
qu'il soit retourné à Rome, avant la condamnation du
président.

la défense de la cause déjà bien compromise (1).

Dupuy en informa de Thou (2), qui écrivit aussitôt à son correspondant une longue lettre, dans laquelle il lui trace la ligne de conduite à suivre. Il s'en remet à Mgr le cardinal Séraphin, mais il ne néglige pas pour cela les autres moyens de défense. Il sait qu'il est un grand personnage, et il a soin de s'en prévaloir. Avouons que c'est une raison de bien peu de valeur en elle-même ; cependant, il est des circonstances où l'on doit éviter de froisser un personnage influent, et de Thou sait combien la cour de Rome est prudente en pareille matière ; aussi insiste-t-il avec complaisance sur les alliances de sa famille et sur la bienveillance que lui

(1) Séraphin Olivier, né à Lyon, en 1538, commença ses études à Tournon et les acheva à Bologne, patrie de sa mère. Docteur en droit civil et professeur à l'université de Bologne à vingt-quatre ans, le pape S. Pie V le nomma auditeur de Rote, et Clément VIII le créa cardinal, en 1604, à la recommandation de Henri IV, à la conversion duquel il avait contribué. Il mourut à Rome, en 1609, après avoir résigné l'évêché de Rennes, sans même en avoir pris possession.

(2) Lettre du 18 octobre 1604.

témoigne le roi. Il désire que le cardinal en
soit bien informé, et il prie son ami Dupuy
de le faire avec toute l'habileté dont il est
capable (1).

Il faut l'avouer, la conduite de J.-A. de
Thou manque de franchise et de droiture.
Dans ses lettres aux cardinaux, lettres qu'on

(1) « Puisque par de là, lui dit-il, comme vous m'escrivez, l'on met en considération la qualité et les
alliances de ceux contre lesquels on veut procéder ; je
vous prie de n'oublier de mettre en avant, comme de
vous-mesme, l'alliance que j'ai avec Mgr le cardinal
de Joyeuse, la quelle va jusque à Mgr le duc de
Montpensier, lequel se sentirait gravement offensé de
l'offense que je pourrais recevoir en cet endroit.
Ajoutez à M. de Montpensier Messieurs de Luxembourg,
M. le Connestable, qui sont en pareil degré, et M. le
prince de Condé, à cause de sa mère. Faites encore
mettre en considération, que ceux de la maison de
Bourbon tiennent cette histoire comme faite, pour
montrer la justice de leur cause, contre ceux qui ont
voulu entreprendre contre eux et leur maison pour
le passé : tellement que si l'on luy donne quelque
atteinte, ils estimeront l'injure faite à eux, et que ceux
qui s'en sont plaints à tort par deça et n'ont rien
obtenu, auront fait faire par Rome, par les supports
et faveurs qu'ils y ont, tout ce qui s'en suivra. Ce
qui renouvellera les playes anciennes et fera croire
à ceux de Bourbons que leurs ennemis ont plus de
crédit à Rome qu'eux. Je laisse cela à ménager à
votre prudence. » (14 novembre 1604.)

peut appeler officielles, il paraît disposé à faire toutes les concessions, il consent à retrancher tout ce qui peut déplaire, il cherche à se justifier, et se rejette, pour s'excuser, sur les circonstances au milieu desquelles il a composé son histoire.

Avec Dupuy, l'ami intime, le confident de toutes ses pensées, il ne s'agit plus de rendre à la justice ses droits, mais d'intimider ses juges. Avec quelle complaisance il énumère ses alliances et ses parentés, avec quelle satisfaction visible il déroule les noms les plus illustres de la France! On voit qu'il ne veut rien céder, tout ce qu'il a écrit est écrit; il semble que ce soit lui faire injure, que de lui demander quelque rectification. Oser douter de sa bonne foi et de sa science! Tous ceux qui ont cette audace sont des calomniateurs. Ses amis contribuent à l'entretenir dans ces idées. « M. le Président, écrivait Pierre Dupuy, le frère du confident de J.-A. de Thou, outre les dix-huit livres de son histoire, a baillé à l'imprimeur les huit livres qui suivent... C'est une œuvre, à ce que j'ai oüi dire, qui est admirable, et toutefois,

il ne manque pas d'avoir ici beaucoup de
calomnies et de médisances, tant de la part
des Jésuites que d'autres telles sortes de gens,
qui ne méritent pas le lire, moins le voir,
moins encore d'oser en parler (1). »

Néanmoins, comme il faut compter avec la
cour de Rome, et qu'une condamnation est
chose fort grave, il fera jouer tous les res-
sorts de la diplomatie et mettra « toute pierre
en œuvre ». Il semble alors qu'il veuille
jouer au plus habile ; en légiste habitué
depuis longtemps aux détours de la chicane,
il sait qu'il faut céder sur un point peu important, pour se donner les apparences de la
bonne foi, tout en persistant dans ses opinions, sur les points les plus graves. Il négo-
ciera donc, il fera des promesses, pour empêcher la condamnation de son livre, tout en
continuant à le publier, dans le même esprit,
sans attendre la décision de la congrégation.
Dès à présent, on sent que cette décision,
quelle qu'elle soit, sera pour lui non avenue

(1) Pierre Dupuy, à Scaliger. 19 nov. 1604. *Epîtres
françaises* à M. de la Scala, in-8°, p. 160. 1624.

et qu'il ne sera pas éloigné de l'attribuer à l'animosité maladroite de ses ennemis. « C'est, dit-il, une poursuite intempestive qui ne peut apporter à ceux même qui la font aucun contentement. » Il .prévoit qu'il en peut arriver « chose à laquelle ils auront regret ».

Néanmoins, la perspective d'une condamnation effrayait le président, et il comptait beaucoup sur l'influence du cardinal Séraphin, pour la prévenir. « Je me promets de son équité et candeur plus que de tous ceux qui eussent pu prendre la peine de juger de ce labeur. » Il demande à son ami de représenter au cardinal en quel temps et en quel lieu il a écrit : « J'ay esté toujours François et serviteur des rois et de ceux de la maison royale; et non jamais pensionnaire ni partisan d'autres. Tout ce qui leur a esté contraire, a esté contraire à mon affection. Je n'ay pourtant rien donné à la grâce ni à la haine en écrivant l'Histoire, mais j'ay osé plus librement dire la vérité et en conserver la mémoire à la postérité qu'un autre, en craignant l'envie, n'eust voulu faire. Je ne doute

point que, par de là, je ne semble à beaucoup avoir trop librement, voire hardiment,
escrit en certaines choses; mais il a esté
besoin que plusieurs par decà ayent en
ceste mesme hardiesse, pour conserver l'Estat (1). »

Il avait envoyé au cardinal Séraphin un
exemplaire de son histoire, le cardinal très
occupé n'en avait lu qu'une faible partie,
mais avait très bien accueilli les représen-
tations de Dupuy : de Thou s'en félicite
comme d'un succès. Il l'écrit à son ami, le
28 juin 1605, en lui manifestant l'impatience
avec laquelle il attendait le jugement du
cardinal, sur la préface en particulier.

Pendant cela, il faisait imprimer la seconde
partie de son Histoire, qui s'étendait jusqu'à
la bataille de Lépante, 1571. Il avait l'intention de pousser son récit jusqu'en 1601,
mais il voulait attendre avant de livrer cette
dernière partie à l'impression.

Le procès traînait en longueur, de Thou
se déclarait toujours prêt à examiner toutes

(1) Lettre du 10 février 1605.

les objections qu'on lui ferait, promettait
d'accueillir les observations, comme il avait
déjà accueilli celles qui lui étaient venues
d'Angleterre et d'Allemagne, pourvu qu'elles
fussent présentées avec candeur et sans con-
vices. Il en appelait de ce que pouvait dire
le maître du sacré palais, chargé de la publication de l'Index, à l'opinion des cardinaux
Séraphin et Du Perron (1). « Pour moi, dé-
« clare-t-il, je suis résolu à tout endurer et
« dissimuler ; mais, si l'on outrepasse par
« delà les bornes de la charitable admonition,
« qui sera toujours bien prise, je ne veux pas
« promettre ni garantir qu'il ne s'en trouve
« qui, avec une meilleure plume que la
« mienne, voudront venger l'injure qui me
« sera faite, au grand regret, par aventure,
« de ceux qui auront commencé (2). »

Il faut remarquer le ton de cette lettre ;
décidément de Thou procède par intimida-
tion. Il a déjà cherché à faire redouter le

(1) Du Perron était arrivé dans la Ville éternelle le
16 décembre 1604. Plusieurs fois de Thou s'était fait
rappeler à son bon souvenir par Dupuy.
(2) Lettre du 20 sept. 1605.

mécontentement des grandes familles ses
alliées, du roi Henri IV, dont il a défendu
la cause ; maintenant il menace de la plume
de ses amis. Il semble même contester, à la
congrégation de l'Index et au maître du
sacré palais, le droit de lui adresser autre
chose qu'une charitable admonestation.
Tout cela n'est-il pas étrange, sous la plume
d'un homme qui revendique si fièrement le
titre de catholique, et proteste de sa révérence pour le Saint-Siège ?

De Thou reviendra encore à ce système.
Dans une lettre adressée, le 4 octobre, à
Dupuy, il insiste de nouveau sur le danger
qu'il y aurait à condamner son histoire : ce
procédé peut être habile, mais il indique
assurément bien peu de bonne foi (1).

(1) De Thou serait bien fâché, assure-t-il, que la chose
en arrivât là, il ne désire rien tant que le repos et la
tranquillité, et ce n'est ni par haine ni par ambition
qu'il a entrepris cette œuvre laborieuse. Non, il n'est
pas possible d'admettre la sincérité absolue de cette
assertion : si de Thou n'était inspiré ni par la haine ni
par l'ambition, il aurait vite fait de couper court à ces
discussions, il céderait. mais il se drape dans sa bonne
foi. il y revient sans cesse, trop souvent pour que l'on
ne s'en défie pas un peu ; il traite d'injurieuse la cen-

Cependant l'appréciation du cardinal Séraphin se faisait attendre, le président s'en
inquiète, il insiste auprès de Dupuy pour
qu'il presse le cardinal de la lui envoyer.
En attendant, sur les conseils de son ami,
il fit des ouvertures à la congrégation ou
plutôt il posa son ultimatum, car voici ce
qu'il écrit lui-même de cette démarche, le
29 novembre 1605. « Je crois avoir fait des
ouvertures qui seront trouvées raisonnables;
après lesquelles si on passe outre, je suis
délibéré de me soucier aussi peu de ce qui
s'en suivra, que je me suis montré équitable
pour éviter une injuste censure. Surtout, je
prie de prendre garde aux deux éditions, car
l'on connaîtra, par conférence, ce que les
imprimeurs avaient par mégarde mis en la
première, encore qu'il fut tracé en la copie,
a été corrigé en la seconde. »

sure dont on le menace. Personne ne doute de la science
de J.-A. de Thou, mais personne non plus ne peut
admettre cette infaillibilité et cette impeccabilité qu'il
revendique si fièrement comme un monopole. Poussé
à bout, il n'apporte plus d'arguments, il ne discute
plus, il veut faire peur à la cour de Rome. Cela ne touche en rien le fond de la question.

Un auteur protestant ne s'exprimerait
pas en d'autres termes, mais ce langage un
peu trop cavalier dissimulait mal l'inquié-
tude du président. Il cherchait, par tous les
moyens, à retarder sa condamnation, s'il ne
pouvait l'empêcher.

De nouveau il écrivit au cardinal Séraphin,
vers la fin de l'année 1605; en même temps
il usa de toute son influence sur Henri IV,
pour qu'il intervînt auprès du Pape. Dans
une lettre du 29 décembre, il annonce à
son ami Dupuy que l'ambassadeur du roi
de France a obtenu de Sa Sainteté un sursis.
« Le roy en écrira à cette mesme fin et même
à Mgr le cardinal Séraphin, pour lui témoi-
gner qu'il a fort agréable ce qui a été faict
par lui en cette affaire. » De Thou reprend
quelque espoir; fort de l'appui du roi, il traite
de querelle d'Allemand les critiques que l'on
fait de son livre. Il s'abrite derrière le manteau royal. « La conséquence du bruit va
loin et touche à ceux, je crois, que l'on ne
veut maintenant offenser, j'entends ceux de
la maison de Bourbon. » Il prie son ami de
bien faire sentir au cardinal Séraphin, que,

en France, on considérerait la condamnation
de son livre, comme une concession faite
aux restes de la Ligue (1), à ces factions qui
n'osent se plaindre ouvertement, en ce moment, mais, attendant un trouble, « emprun-
tent le manteau de la religion, pour combattre et détruire ce qui est fait contre elles ».

(1) Il y avait du vrai dans cette affirmation : de Thou,
dans son Histoire, malmenait fort les partisans de la
Ligue, il ne leur ménageait pas les reproches de trahison
et de complicité avec les Espagnols, pour la perte de la
France; aussi bien des anciens ligueurs devaient-ils
être les ennemis naturels de J.-A. de Thou et applaudir
chaudement aux justes critiques que les catholiques faisaient de son Histoire. A tout bien considérer, la Ligue
avait compté dans son sein ce qu'il y avait de plus
honnête et de plus religieux en France, et rien d'éton-
nant à ce que d'anciens ligueurs fussent de ceux qui
s'élevaient le plus fort contre le président. Leurs attaques, inspirées peut-être, je le veux bien, par un motif
personnel, n'en étaient pas moins fondées et c'était bien
dénaturer leurs intentions que d'insinuer qu'ils saisis-
saient cette occasion uniquement pour se venger et
qu'ils aspiraient au renouvellement de la guerre civile.
Cette insulte à de glorieux vaincus a quelque chose qui
répugne au caractère français.

III

Cependant la congrégation de l'Index avait chargé Antoine Caracciolo, clerc régulier, de rechercher, dans l'Histoire de J.-Aug. de Thou, les passages qui donnaient prise à la critique, et d'en dresser une liste exacte. Le théologien examina les dix-huit premiers livres, sur l'édition in-8° des Drouart, en ayant bien soin de laisser de côté la première édition in-folio, ainsi que le demandait l'auteur. Il fit donc un dépouillement de tous les endroits, qui lui parurent mériter la censure (1) et remit son rapport à la congrégation.

(1) Cet examen minutieux n'occupe pas moins de dix-huit pages in-folio: dans l'édition de Buckley, 1733. Nous n'entrerons pas dans la discussion de chacun des passages que signale Caracciolo, il nous suffira de rappeler son appréciation générale. L'auteur de l'*Histoire universelle*, selon le censeur romain, manifeste une haine insensée contre le Saint-Siège et les Souverains Pontifes: il les calomnie souvent, il parle mal du Concile de Trente, il loue çà et là les hérétiques. Il y aurait trop de choses à retrancher dans son œuvre, pour

Dupuy, qui se tenait avec soin au courant du procès, se procura cette pièce importante, aussitôt qu'elle parut, c'est-à-dire en janvier 1606, et en envoya une copie au président (1). Ce dernier ne s'attendait pas à un coup si rude et si prompt. Il veut cacher sa déception, dans sa réponse à Dupuy (2). Il traite avec dédain les critiques de Caracciolo, mais, en même temps, il cherche à se justifier. Il savait bien que la préface déplairait aux théologiens romains, mais il avait cru qu'ils se garderaient bien de le dire, réservant toute leur colère pour d'autres passages, comme, par exemple, ceux où il loue les savants allemands qui, pour la plupart,

l'expurger; aussi il est d'avis qu'elle doit être condamnée absolument, il insinue même que telle est l'opinion du cardinal Du Perron.

C'étaient, sans réticences et sans atténuation, les reproches que formulaient déjà les catholiques contre ce livre. Ce théologien ne ménage pas de Thou, il lui suffit d'avoir motivé son jugement : c'est un rapporteur froid et sévère. Désormais, les adversaires de J.-Aug. de Thou avaient un point de ralliement et une autorité à invoquer.

(1) En lui faisant remarquer qu'une partie de l'original était écrit de la main de Bellarmin.

(2) 12 février 1606.

sont protestants. Cette censure n'est, selon lui, qu'une satisfaction accordée à ceux qui, « attendent avec grand désir que pour le sujet de la religion nous revenions aux confusions passées ». « Il est bien aisé, continue-t-il, à ceux qui sont loin du péril, de prononcer hardiment, en telles choses, et blâmer ceux qui embrassent le repos, et le veulent persuader à leurs concitoyens. Et cependant où est la charité? N'a-t-on point pitié de quarante années passées dans de continuelles misères? N'a-t-on point horreur de la perte des Pays-Bas, advenue par cette obstination forcenée? Nous pouvons être ici bons catholiques et obéissants, quant à la doctrine, au Saint-Siège, sans tenir cette sanglante proposition, qu'il faille par la force et par les armes établir la religion. Voilà pourquoi je ne me repentirai jamais d'en avoir dit, à la place où je suis, ce que j'en ay toujours dit; moins de ce que j'en ay escrit. D'une chose suis-je fort marri, que cela soit cause que mon livre ait été examiné exactement et jusques à la calomnie. »

On le sent, de Thou est profondément

blessé et, dans sa colère, il ne voit partout
que des ennemis politiques. Il sait bien que
la France a en horreur les guerres civiles,
il sait que, en représentant ses ennemis prêts
à les recommencer, il aura facilement gain
de cause contre eux : cette tactique pour être
habile n'en est pas moins machiavélique.
De quel droit, en effet, accuser ses adversaires
de pousser à la guerre civile? La paix est
faite entre les Catholiques et les Protestants, la lutte a eu d'assez tristes con-
séquences pour que personne ne songe
à la raviver, la cour de Rome, moins que
tout autre. Mais, pour garder la paix, il n'est
pas nécessaire de faire des concessions doctrinales : la vérité ne souffre pas d'à peu
près, elle est ou elle n'est pas, et personne
n'a le droit de la mutiler. Le président de
Thou ne paraît pas bien pénétré de cette
pensée; il veut le calme, la pacification ; il a
toujours été de cet avis, nous ne saurions
que l'en louer; mais si cette tolérance est
louable dans l'ordre des faits, elle ne l'est
plus dans l'ordre des doctrines, et jamais il
ne saurait y avoir d'alliance entre la vérité

et le mensonge. C'est là un axiome incontestable, et tout bon catholique, comme de Thou
ne cesse de répéter qu'il veut être, ne peut
demander à l'Église de tolérer l'erreur : les
personnes jouiront de toute liberté, mais les
erreurs jamais ; l'Église, gardienne de la foi,
manquerait à tous les devoirs, si elle ne les
signalait à l'attention des fidèles, pour les en
détourner. D'ailleurs, de Thou n'appuie que
sur une partie des reproches que Caracciolo
fait à son Histoire, parce qu'il sait combien
il lui sera facile de se défendre de ce côté, en
faisant appel, mal à propos, aux idées de
tolérance, de liberté, et en déplaçant la discussion de son véritable terrain.

L'examen de Caracciolo n'était pas encore
approuvé, et, à Rome, les amis du président,
les cardinaux Séraphin et Du Perron (1), en

(1) Jacques Davy Du Perron, né à Saint-Lô, en 1556,
d'une famille protestante, se convertit au catholicisme
en 1578, fut ordonné prêtre en 1593, puis devint évêque
d'Evreux, enfin archevêque de Sens et cardinal. Poète,
orateur, controversiste, c'était un des esprits les plus
cultivés de son siècle. Ses discussions avec Plessis-
Mornay, le théologien protestant, l'avaient placé au
premier rang des défenseurs du catholicisme. Il fut

particulier, faisaient tous leurs efforts pour lui
épargner une censure définitive. De Thou
envoie son ami Dupuy auprès du cardinal
Du Perron, pour le prier instamment de
prendre sa cause en main, car *cette cause
n'est pas seulement la sienne, mais celle de
toute la France*, qui, à l'en croire, recevrait
une grande injure de sa condamnation.
D'autre part, il s'en remet absolument à la
décision du cardinal Séraphin, qui ne lui a
pas encore fait la faveur de lui écrire, mais
.dont il est sûr d'avoir les bonnes grâces.
« Qu'il me commande, qu'il taille, qu'il
rogne, je recevrai tout bien de sa part; il
m'a tant obligé, que je ne serai jamais
ingrat de l'honneur que j'ai reçu de lui, le
suppliant très humblement de continuer en
cette bonne volonté (1). » Mais il ne fera

souvent chargé de missions diplomatiques par Henri IV.
Il mourut, le 5 septembre 1618, dans l'hôtel de Sens,
à Paris.
Voir sur Du Perron : Fénel, *Mémoires pour servir à
l'histoire des archevêques de Sens*, ouvrage inédit, conservé
à la bibliothèque de cette ville, et l'*Etude* de l'abbé
Féret, in-12. Didier.
(1) Lettre de 12 février 1606.

rien pour donner satisfaction à la congrégation. « Je suis résolu, dit-il, d'attendre tout
ce que l'on en voudra. L'on doit y regarder
plus d'une fois, devant que rien précipiter;
de peur que les parties ne se repentent à
loisir. » C'est toujours la même tactique.

Cette attitude si différente, envers la congrégation et envers des cardinaux, sur lesquels il croyait pouvoir compter, a quelque
chose d'anormal. Obséquieux pour ses amis,
de Thou n'a que du fiel pour ceux dont il
ne peut rien attendre. Cela dispose mal en
sa faveur, une résistance ouverte lui ferait
plus d'honneur.

Il semblait impossible d'éviter la censure,
du moins, il n'y avait plus d'espoir du côté de
la congrégation de l'Index. L'examen de
Caracciolo devait, selon toute vraisemblance,
être bientôt suivi d'un décret du maître du
sacré palais, condamnant l'*Histoire universelle*. A ce moment même, se produisit un
incident, qui donna quelque espoir au président et retarda la solution de la difficulté.

SECONDE PÉRIODE

(1606-1609).

I

Il ne restait qu'un seul moyen d'échapper à la condamnation, c'était de retirer l'affaire à la congrégation de l'Index, et d'obtenir du Pape qu'elle fût soumise à une commission de cardinaux, nommée dans ce but spécial.

Grâce aux efforts de Dupuy et à la bienveillance du cardinal Du Perron, les cardinaux Visconti et Sforza se montrèrent disposés à s'employer, pour empêcher la censure de l'Index. Dupuy en informa le président. Celui-ci lui répondit sur-le-champ, sans dissimuler la joie que lui causait cette nouvelle. Il conjure son ami de ne rien négliger, pour maintenir les cardinaux dans leurs bonnes dispositions à son égard. « Je vous supplie de

baiser très humblement les mains à Mgr le
cardinal Sforza et lui dire que ce peu que j'ai
d'industrie, je le consacre et voue à l'honneur de sa famille (1). » Il est si heureux du
bon témoignage que le cardinal a rendu de
lui, qu'il ne négligera rien pour illustrer sa
famille. Il remercie chaudement Dupuy de
lui procurer de tels amis.

Le premier, le cardinal Sforza ouvrit
l'avis qu'il fallait essayer de tirer l'affaire
de la congrégation et d'obtenir qu'elle
fût confiée aux cardinaux Séraphin et Du
Perron (2). C'eût été une très heureuse ma-

(1) Lettre du 28 mars 1606.

(2) Cette démarche n'aurait pu aboutir que grâce à
l'influence des personnages qui la tenteraient; encore
verrons-nous qu'elle ne réussit pas, malgré l'appui de
plusieurs cardinaux. Il était, en effet, inouï que l'on
fît à un auteur la faveur de confier l'examen de son
livre à une commission spéciale. Le concile de Trente
avait nommé une délégation de dix-huit membres,
chargée de cet examen; les papes lui avait continué
ce pouvoir, en l'érigeant en congrégation de l'Index;
c'eût été lui faire injure que de lui enlever le jugement
d'une cause déjà commencée par elle, et de la soustraire
à sa juridiction, au moment même où il ne restait
plus que la sentence à prononcer. La congrégation
de l'Index offrait, du reste, toutes les garanties dési-
rables, et la lenteur qu'elle apporta dans cette affaire

nière d'échapper à la censure; de Thou résolut de mettre tout en œuvre, pour que la chose
réussît. Dupuy lui avait fait entendre que le
Cardinal serait flatté de recevoir une lettre
de lui. Il lui en adressa une, qui est un chef-
d'œuvre de diplomatie et d'habileté. Il craignait cependant qu'elle laissât à désirer pour
l'écriture et pour le sujet. « Vous suppléerez
à l'un et vous offrirez à la lui lire, de l'autre,
il l'excusera par sa bonté, s'il lui plaît »,
écrivait-il à Dupuy, qu'il charge de la remettre directement au Cardinal. « Prenez
occasion, ajoutait-il, de vous familiariser
davantage avec lui et lui donner toute assurance de mon service. »

Malgré les ennuis que lui avait causé la
première partie de son Histoire, de Thou,
nous l'avons vu, travaillait à la seconde. Elle
était sous presse, et devait paraître en sep-

---

prouve bien qu'elle n'obéissait à aucune des passions
que semble lui reprocher de Thou.

L'expédient était vraiment impraticable, et je crois
que Séraphin, avec sa vieille habitude des tribunaux
romains, dut immédiatement s'en apercevoir. Néanmoins le président ne paraît pas trop douter de son
succès.

tembre 1606. Il en annonçait l'envoi (1), sans espérer qu'elle fût mieux accueillie que la première. « Mais, disait-il (2), puisque j'ai eu la patience d'achever, avec tant de peine et si ingrate, l'œuvre, il faut m'armer de patience, pour en supporter les divers jugements. Dieu qui est par-dessus tout ce qui s'en peut dire, sçait mon intérieur et que le seul amour de sa gloire, qui se conserve par la vérité des escrits, m'a fait entreprendre ce que j'ai écrit. » Le nouveau volume allait donner lieu à de nouvelles plaintes, car il renfermait, de l'aveu de l'auteur lui-même, bien des choses qu'on ne pouvait supporter à ome.

---

(1) « La seconde partie ne sera preste qu'à la foire de septembre prochain, et ne faudray aussitôt à vous en faire tenir six exemplaires par la voye de Francfort. Je désirerais fort sçavoir les lieux que l'on désire estre ostés... Je me remets à vous de ce que m'escrivez pour avoir la permission conditionnée, pourvu qu'il ne se fasse rien en cela qui puisse noter. » (Lettre à Dupuy, 2 mai 1606.)

(2) Lettre du 12 juin 1606.

II

Le cardinal Séraphin (1) avait réussi à retarder la censure, mais l'expédient proposé
par le cardinal Sforza n'avait pas encore été
tenté : de Thou priait son ami, n'osant le faire
lui-même, d'engager le cardinal Du Perron à
tenter une démarche, auprès du Pape. Le
même jour (12 juin 1604), pour préparer l'esprit du Cardinal, il lui adressait une lettre où
il le remerciait de ses bons offices et lui demandait de les continuer (2).

(1) Lettre de Pierre Dupuy à Scaliger, du 20 mai 1606.
(2) « Monseigneur, quand je n'aurais d'autre sujet
de vous écrire, les bons services que M. Dupuy m'a
fait entendre que vous m'avez rendu en chose qui
regarde plus le public et la France que mon particulier, m'y obligent. Je vous remercie très humblement du témoignage qu'il vous a pleu rendre de moi
et la vraie et juste raison qu'il vous a pleu aussi apporter de ce que je parle si modérément d'aucuns dont
le nom ne peut estre entendu qu'avec offense, au lieu
où vous estes. Il y a différence de la religion et de la
doctrine hors la religion. J'ay loué l'un et passé légè-
rement l'autre, de peur de violer les lois sous lesquelles
nous vivons en paix, lesquelles si tous sont obligés

Dupuy ne manqua pas de faire ce que lui demandait son ami et dut trouver Du Perron bien disposé à l'écouter. Il avait deviné juste, le cardinal Sforza fut en effet très flatté de la lettre du président. Il lui répondit promptement, en le priant de compter toujours sur la disposition où il est, de l'obliger en toute occasion. On voit, par cette lettre, que ce qui a frappé le Cardinal, dans l'histoire de J.-A. de Thou, c'est surtout la manière dont il parle de la famille Sforza (1).

de garder et plus ceux qui ont été employés à les faire. Vous me connaissez d'ailleurs et ma franchise et sincérité. Le trop grand amour de la vérité, duquel vous a plu particulièrement rendre si honorable témoignage par escrit, me peut avoir concilié cette haine; mais j'espère en votre faveur et bonté, que ce que la nécessité de l'œuvre par moi entrepris a exprimé de moi, ne diminuera en rien la bonne opinion que vous avez toujours eue de moy. Je vous supplie donc de continuer en vos bons offices et tenir pour ce que je vous suis et de tout ce qui vous touche, c'est-à-dire, Monseigneur, votre très humble et très affectionné serviteur.

« Paris, ce 12 juin 1606. »

(1) J'ai toujours eu, Monsieur, une véritable estime pour vous, fondée sur votre mérite et vos vertus, auxquelles on ne peut s'empêcher de rendre justice. Je vous en aurais donné volontiers des marques si, comme je l'ai désiré et désirerai toujours, l'occasion s'était

Cette lettre dut faire plaisir à de Thou ; elle
lui donnait l'assurance qu'il avait, à Rome,
un défenseur sur lequel il pouvait compter
sans réserve. Il en fut de même de la réponse du cardinal Du Perron. Après avoir
remercié le président des sentiments qu'il
lui exprime, il loue beaucoup son histoire,
et s'estime heureux d'avoir pu contribuer à
la faire connaître.

« Vos écrits, dit-il, sont grandement ho-
norés partout, mais j'oserai dire et le diray
véritablement, qu'ils le sont plus en Italie
qu'en aucun autre lieu de l'Europe. MM. les
cardinaux Aquaviva, Visconti, Sforza et d'autres de ce collège, qui ont l'esprit élevé par-
dessus la partie ordinaire des hommes, ne

présentée. Je vous écris cette lettre, pour vous assurer
de mes sentiments à votre égard et vous remercier de
la bonté que vous avez eue, non seulement de faire une
mention honorable de ma famille, dans votre Histoire,
mais encore de parler de moi en particulier, dans la
lettre que vous avez écrite à Mgr Pozzo, et que j'ai lue
avec beaucoup de plaisir... Vous pouvez être assuré
que je suis disposé à vous obliger en toute occasion,
comme je suis persuadé que vous vous intéressez infi-
niment à tout ce qui me regarde.

« Rome, dernier mai 1606. »

se peuvent lasser de les louer et célébrer,
de les mettre au premier rang après Salluste,
Tacite et les autres lumières de l'histoire latine. » Après les éloges cependant, le blâme,
mais un blâme contre lequel de Thou eût été
mal venu de se révolter. « C'est, dit le Cardinal, chose qui se fera sans beaucoup de
mutation. J'en ay parlé, par diverses fois, au
Pape, lui représentant le mérite de l'œuvre
et la condition du temps où il a été écrit,
à sçavoir durant les derniers troubles, pendant lesquels ceux qui aimaient la conserva-
tion de l'État et en appréhendaient la ruine,
qui était toute proche et imminente, ten-
daient plutôt à maintenir en union les esprits qui affectionnaient la défense commune de leur patrie, qu'à les aigrir et les
diviser pour toucher lors sévèrement les
ulcères de la religion. Sa Sainteté m'a montré
d'en faire le cas qu'il convient, et de désirer
que l'on y procède, avec toute la douceur,
respect et discrétion dont sont dignes les vertus et qualités de l'œuvre et de l'auteur (1). »

(1) Lettre du 12 juillet 1606.

Il était difficile d'être plus bienveillant,
aussi, le 14 août 1606, de Thou écrivait-il à
son confident Dupuy, qu'il avait enfin reçu
la lettre de Du Perron, et qu'il lui répondrait
en lui envoyant la seconde partie. « Cependant, continua-t-il, je vous prie de le voir et
de lui baiser très-humblement les mains, de
ma part, le remerciant de la lettre qu'il m'a
écrite, en laquelle il ajoute à ceux que vous
m'aviez averti, qui me faisaient l'honneur de
ne défavoriser mon travail, le cardinal Aquaviva. Je loue Dieu, si, en une œuvre entreprise
pour le public, je n'ay pu plaire à tous, au
moins je n'ay déplu à ceux desquels la grandeur d'esprit, conjointe à la splendeur de la
race, peuvent mieux juger de telles choses,
que le commun des esprits élevés en bas
lieux, quelque érudition que, par étude, ils
ayent acquise ; c'est à ceux-là que j'appelle
quand les autres me condamneront. »

De Thou semble oublier un peu la restric-
tion que Du Perron met à son approbation,
celle qu'y mettait aussi le cardinal Séraphin,
à qui il avait donné tout pouvoir, sur son
histoire. Il faut le remarquer, ces grands

esprits admirent l'œuvre du président; mais ils en voient si bien les défauts, qu'ils plaident auprès du Pape les circonstances atténuantes, pour écarter la censure, qui était imminente et qui eût déjà été portée sans l'intervention du roi Henri IV.

De Thou sentait bien qu'il lui fallait beaucoup de prudence : ayant appris qu'un ministre de Genève avait entrepris une traduction de son ouvrage, sans l'en informer, il craignit de voir s'augmenter le nombre de ses ennemis. Il employa le crédit de ses amis, pour en arrêter l'impression. Nous avons une lettre de Casaubon à M. Goulard, ministre de la religion réformée, où il le prie d'empêcher qu'on traduise en français le livre de J.-A. de Thou et d'obtenir qu'on suspende une édition déjà sous presse. Il faut croire que Casaubon ne réussit pas, car de Thou fut obligé de recourir au roi. Il en obtint une défense d'imprimer aucune traduction de son ouvrage, à son insu (1). De Thou voulait ainsi éviter qu'on ne

(1) Sous la date du 22 janvier 1607.

commît des faussetés et des erreurs, qui lui auraient été attribuées. Il avait raison, car ses amis n'auraient pas manqué d'accentuer encore les accusations, ou du moins les insinuations malignes, qu'il se permet si souvent à l'égard des papes, des écrivains et des rois catholiques. La simple prudence lui conseillait donc de réprimer un zèle intempestif ; il avait déjà assez à faire avec la cour de Rome, il n'était pas besoin de lui fournir de nouvelles armes.

Le cardinal Du Perron faisait tous ses efforts, pour calmer l'ardeur des ennemis de J.-A. de Thou, qui n'attendaient pas la sentence définitive de la Congrégation, pour l'accabler de leurs railleries et de leurs injures. Une lettre de Dupuy à Scaliger — 11 janvier 1607 — nous apprend qu'il avait ordonné à Scioppius (1) de se taire, com-

_____

(1) Scioppius, protestant converti au catholicisme, était un écrivain de beaucoup d'esprit, mais la violence, avec laquelle il attaquait les plus savants hommes de son siècle, le rendait odieux à tous les partis. Il se déchaînait tout à la fois contre les protestants et les jésuites. On l'appelait le dogue de la grammaire.

blant ainsi un souhait du président, qui, le
15 décembre, écrivait : « Encore que je me
soucie d'un tel pédant, que celui dont vous
m'escrivez, duquel j'ai vu l'infâme com-
mentaire *in Priapeia*, toutefois je serais bien
aise, désirant le repos, n'être aboyé par de
tels chiens enragés. Il est gagé, comme vous
m'escrivez, et de ceux que vous savez (1). »

III

L'année 1606 avait été une année de luttes
ardentes, et bien que l'affaire n'eût pas encore
été tranchée, de Thou, grâce à son habileté,
grâce à l'appui royal et à l'influence de
ses amis, avait pu tenir tête à ses ennemis,
et même il pouvait se croire sur le point
de triompher. En effet, il avait gagné de
nouveaux protecteurs actifs et puissants, fait
agir sur le Pape lui-même, obligé Scioppius à se taire, au moins pour un temps (2),

(1) Lettre à Dupuy.
(2) Scioppius trompa Du Perron, en lui promettant
de ne plus écrire contre de Thou, car il l'attaqua, avec

il avait empêché les protestants de fournir de nouveaux griefs contre lui : c'était un assez beau résultat, mais pour y arriver, que de démarches, que de lettres il avait fallu.

Au milieu de ces difficultés, la seconde partie de l'Histoire avait paru et de Thou en envoya un exemplaire aux cardinaux Aquaviva, Visconti, Sforza, Séraphin et Du Perron, ses défenseurs. Diverses circonstances empêchèrent ces exemplaires d'arriver, et ce ne fut que bien longtemps après qu'ils parvinrent à leur destination.

Nous avons vu que le président redoutait un peu l'accueil qui serait fait à cette seconde partie: « L'on se pourra offenser de l'arrêt de Tanquerel, lequel je n'ai pu omettre, en son année, estant un monument mémorable de nos libertés et franchises, du quel l'exemple a été renouvelé depuis deux ans, en cette mesme cour et l'année mesme que Sa Majesté reçut la bénédiction du Saint-Père, par un arrêt exécuté avec la même cérémonie,

une violence nouvelle, dans le livre qu'il publia contre Scaliger, sous ce titre : *Gasp. Scioppii Scaliger Hypobolimæus, Moguntiæ typis excussus,* anno 1607, in-4°.

en Sorbonne, par M. le président Forget (1).
Hors cela, l'on n'aura occasion de se plaindre,
si non que je semble parler trop modérément
des protestants, mais j'escris en France (2). »

Scioppius, après quelque temps de silence,
recommença ses attaques : « Il faut le laisser
aboyer, dit de Thou, c'est un clabaud im-
portun et il aura sa fureur pour sa peine. »
Et il ajoute qu'un homme, qui a écrit sur les
priapées et s'est déchaîné si souvent contre
les Jésuites, peut bien se déchaîner aussi,
sans qu'on s'en soucie, contre ceux, à qui
il ne doit aucun respect.

Du Perron et son secrétaire Dupuy allaient
quitter Rome, de Thou craignait que ce
départ ne laissât le champ libre à ses adversaires; aussi suppliait-il son ami de ne
point perdre de temps et de terminer l'affaire, avant le départ du Cardinal, s'il était
possible, ou du moins d'obtenir qu'on ne

(1) Florentin Jacob, licencié de Sorbonne, ayant soutenu la puissance temporelle du Pape, le Parlement le
fit jeter en prison (1595) et déclara que cette doctrine
était fausse, schismatique, contraire à la parole de Dieu
et aux lois du royaume. (*Hist.*, lib. CXIV.)

(2) Lettre à Dupuy, 1er avril 1607.

fît rien en son absence (1). Il lui apprend
qu'en France, « il est revenu en grâce auprès
de plusieurs », il lui recommande d'aller
trouver, de sa part, les Cardinaux ses protecteurs, et de stimuler leur zèle. Il est très
inquiet des retards qu'éprouve son Histoire,
il ne peut la faire parvenir à Rome; les personnes qui avaient bien voulu s'en charger
ont éprouvé mille contre-temps. Il remercie
directement le cardinal Du Perron de n'avoir
point tenu compte des mémoires diffama-
toires qu'on lui a envoyés de France. Il
prend Dieu à témoin que s'il s'est quelquefois laissé emporter par sa vivacité naturelle,
il n'a jamais cédé à la haine. « Vous savez,
dit-il, que je n'ai jamais vacillé en la religion de mes pères, c'est-à-dire en la catholique, en laquelle je veux vivre et mourir :
mais j'ai parlé librement de ceux, qui se
servaient de la religion, pour en faire une

(1) « L'on parle ici que Mgr le cardinal Du Perron
veut changer d'air : faites en sorte devant son partement
que cette affaire soit mise en tel estat que les brouil-
lons ne puissent la traverser. » — Lettre du 15 décembre 1606.

cape à l'espagnole et couvrir leur ambition.
Je ne pouvais louer les vertus sans noter les
vices, je n'ay touché par là ni entendu
toucher à la révérence du lieu et des personnes..... et toutefois je ne refuse d'estre
admonesté et recevoir les avertissements
qu'il vous plaira en particulier me donner. »
Il sait que certaines particularités, touchant
les droits français, pourront déplaire à ceux
qui les méconnaissent : « Mais vous qui
estes né Français et avez toujours suivi le
parti français, excuserez aisément cela (1). »
Il charge son ami Dupuy de remettre cette
lettre et profite de l'occasion pour lui parler,
comme toujours, à cœur ouvert. « Je seray
bien aise qu'il ne se remue rien par de là qui
puisse troubler mon repos, mais j'ay plus
appréhendé cela autrefois que maintenant.
L'on fera bien de ne rien remuer précipitamment en cette affaire, dont l'on soit contraint par après de se repentir à loisir (2). »

(1) Cette lettre est datée du 22 août 1607, mais par
erreur, car c'est bien d'elle que parle de Thou, le dernier juillet 1607, ainsi que le fait remarquer Buckley.
(2) 31 juillet 1607.

De Thou en a pris son parti ; il attend, avec calme, la solution de son procès, sans se faire beaucoup d'illusion (1). Néanmoins il demande à son ami de suppléer le cardinal Sforza de lui continuer sa bienveillance.

Du Perron n'avait pas encore reçu d'exemplaire de la seconde partie des Histoires, de Thou s'en excuse, en le remerciant de l'honneur qu'il lui a fait « d'avoir pour agréable ce qui vient de lui ». Il proteste, de nouveau, de sa bonne foi et insiste sur les inconvénients d'une condamnation précipitée qu'il le prie d'empêcher, s'il le peut. « Ceux, dit-il, qui veulent oster toute l'honnête et légitime liberté, pourraient, par un contraire effet, irriter la licence de parler et d'escrire, que je n'ay jamais approuvée. Vous êtes au lieu et théatre de la prudence civile, où l'on peut et doit mettre cet inconvénient en considération (31 juillet 1607). »

(1) Du Perron jouissait, à Rome, d'une grande influence, le Pape lui-même écoutait volontiers ses conseils et l'on aurait craint de mécontenter un personnage si important, mais son départ compromettait tout et renversait les espérances du président.

Il souffrira tout, plutôt que de rien faire d'indigne de sa modération, car il est résolu de s'en remettre à la postérité seule, pour le jugement de ses œuvres (1); mais il ne peut garantir que des amis trop zélés ne prendront pas sa défense. Du Perron répondit à cette lettre par un billet très court, dans lequel il apprend à de Thou que, par suite d'un accident arrivé au porteur, il n'a pas reçu le « dernier enfantement de son intelligence » et qu'il termine, en lui exprimant l'espérance de le revoir à bref délai (2).

(1) Buckley, dans la préface de son édition, 1733, fait remarquer que si de Thou, dans l'édition des Drouarts, modifia certains passages, ce fut de son plein gré et que, plus tard, il ne changea rien pour donner satisfaction à la Congrégation de l'Index.

Néanmoins, par ordre du roi, il avait retranché certains endroits, où il malmenait fort les Médicis et le pape Pie IV; mais ce qui prouve bien qu'il ne voulait rien céder, c'est qu'il fit réimprimer clandestinement tout ce qui avait été retranché, en un vol. in-12 sous ce titre : *Omissa in Historia Thuani*, ad annos 1562-1563. Il fit tirer ce volume à très peu d'exemplaires et seulement pour le donner à ses amis. Il ne s'opposa pas à ce qu'on le reproduisît dans l'édition que Reuter, Goldast et Kopf publiaient à Francfort, en 1609. (Lettre de Reuter du 13 janvier 1609. Ed. de Bâle, t. X, p. 480.)

(2) Rome, 6 août 1607.

En effet, au mois de septembre il quittait
Rome, avec Christophe Dupuy, et arrivait à
Paris, au mois de décembre (1). Sur ces
entrefaites, le cardinal Séraphin, à peine
relevé d'une longue maladie, écrivait à de
Thou, pour lui dire que le premier volume
de son Histoire lui avait plu beaucoup, qu'il
n'avait pu lire le second, — il l'avait prêté aux
Cardinaux, qui se l'arrachaient avec passion, — mais qu'il ne doutait pas qu'il ne fût
à la hauteur du premier. Il se proposait de
le lire au plus tôt : « Je m'acquitteray de mon

(1) Après le départ de Du Perron et de Dupuy, qui
avaient été pour lui d'un si grand secours, de Thou
sentit bien qu'il n'avait plus d'espoir. Des raisons de
prudence et la crainte de froisser Henri IV retardaient
seules désormais la censure de l'Index.

Le président n'était pas homme à se décourager. Il
craignait peu la condamnation qui le menaçait, il en
était presque venu à la mépriser, néanmoins il ne
voulut rien avoir à se reprocher. Il profita d'une lettre
de remerciement, que lui écrivit le cardinal Borromée
— à qui il avait adressé un exemplaire de son Histoire,
pour la Bibliothèque ambrosienne — pour essayer de
se faire en lui un nouvel ami. Voici, en effet, ce que
le cardinal Borromée lui écrivait, le 4 mars 1608 :
« Vous n'avez pas besoin, Monsieur, de chercher des
protecteurs pour votre Histoire, elle se soutient assez
par elle-même. Elle est, pour ainsi dire, inattaquable,

devoir au plus tôt et je vous en escrirai, vous
assurant que je ne manquerai de vous servir
en toute occurrence et ferai, en tout ce qui
vous touchera, tant dans la Congrégation
qu'en dehors d'elle, tout ce que doit faire un
homme de bien et un ami (1). »

vos ennemis et vos envieux sont forcés de se taire. S'il
est nécessaire, néanmoins j'aurai soin de vous faire con-
naitre combien je m'intéresse à votre réputation. J'aime
non seulement votre esprit et votre littérature, qui
n'est pas commune, mais encore votre probité, votre
piété et vos autres belles qualités, dont plusieurs par-
lent avec beaucoup d'estime. Soyez donc persuadé que
je vous suis très attaché et que j'aurai toujours à cœur
tout ce qui intéressera votre gloire. »

C'était une approbation absolue, mais il ne parait
pas que le cardinal eût, à Rome, une grande influence
et tout se borna, entre de Thou et lui, à de simples
rapports de politesse. Il fallait, pour défendre de Thou,
des hommes familiarisés avec les procédés des Congré-
gations romaines, comme Séraphin, qui fut, durant
quarante ans, auditeur de Rote.

(1) Lettre du 9 septembre 1607.

IV

On le voit, tout le monde, à Rome, s'oc-
cupait de l'Histoire de J.-A. de Thou, les uns
pour l'admirer, comme un ouvrage écrit avec
beaucoup d'élégance, c'étaient les lettrés ;
les autres pour en critiquer les tendances
hostiles au Saint-Siège, c'étaient les théologiens. Les amis de J.-A. de Thou traitaient
ces derniers avec une désinvolture étrange : *ce
sont les plus sottes gens du monde, de stupides
personnages, une vile séquelle, des ignorants
qui aboient.* C'est en ces termes que s'exprime
Jacques Séguier dans une lettre à de Thou (1).
Il parle, dit-il, conformément à son naturel
et à son éducation, c'est à donner une bien
pauvre idée de l'une et de l'autre. Le cardinal
Séraphin était toujours l'un des plus fidèles
défenseurs du président , avec le cardinal
Sforza. De Thou continuait à flatter ce dernier, en exaltant la netteté de son jugement,
la hauteur de ses vues, tout cela pour conserver ses bonnes grâces, car j'imagine qu'il

(1) 11 septembre 1607.

ne devait pas en penser un mot, le ton de ses lettres est trop peu naturel, pour être vrai. Le Cardinal semble, d'ailleurs, lui avoir été d'un bien faible secours. Il ne paraît pas même au courant de ce qui se passe et, le 10 septembre 1608, il en est encore à se demander où sont ceux qui attaquent de Thou. « Si jamais, dit-il, il prenait envie à quelqu'un de vous attaquer, je crois vous avoir donné des preuves de mon zèle, je ne serai pas moins vif à prendre votre défense, vous ne devez cependant rien craindre. » Il regrette de ne lui avoir encore rendu aucun service, parce que l'occasion ne s'en est pas encore présentée.

Cette lettre dut paraître à de Thou une singulière dérision, il savait bien que son Histoire ne lui avait pas attiré que des louanges; il avait assez souffert des attaques et il en souffrait encore assez tous les jours. Avec de tels défenseurs, si mal renseignés, si étrangers aux discusions, il dut se convaincre que tout espoir était perdu, et qu'il n'avait plus qu'à attendre la condamnation qu'il avait pu écarter jusqu'alors.

Une année s'était déjà écoulée, depuis le
départ de Du Perron, une autre devait encore
s'écouler, avant que la Congrégation ne portât
son décret (1). Il est inutile de dire que les
efforts tentés auprès du Pape, dans le but de
le déterminer à retirer l'affaire à la Congrégation et de la remettre à trois cardinaux,
avaient échoué : quand Du Perron fut de retour en France, on n'y songea même plus.

Henri IV, d'abord très favorable à de
Thou, s'était beaucoup refroidi à son égard.
Il y avait à la cour un parti d'hommes
modérés, à la tête desquels était M. de
Villeroy, qui faisaient tous leurs efforts
pour maintenir, entre la France et Rome,
une union si utile au bien du royaume.
Peu à peu, le roi, sur leurs conseils, cessa
de s'intéresser à l'Histoire de J.-A. de Thou
et laissa à la cour de Rome toute sa liberté.
De Thou s'en plaignit amèrement, il s'emporta jusqu'à dire tout haut que, s'il était

(1) On ne saurait trop insister sur cette sage conduite
de la Congrégation qui, dans la crainte de manquer de
prudence et de se compromettre par la précipitation,
traînait le procès en longueur.

né sujet du roi d'Espagne, il en recevrait
l'appui qu'on lui refusait en France : c'était
une erreur et une imprudence. D'ailleurs,
il était devenu suspect par suite de sa
liaison avec le prince de Condé. En 1609,
au moment où Henri IV se disposait à faire
la guerre à l'Allemagne et à l'Italie, Henri
de Bourbon, prince de Condé, blessé par une
parole de Sully, qui l'avait traité avec hauteur, et cela, pour ainsi dire, de l'aveu du roi,
se retira auprès du prince d'Orange, puis
à Milan, où il publia un manifeste accusant
Sully de se comporter avec fierté à l'égard
des princes, de casser les arrêts du Parlement
et d'écraser le peuple, sous le poids des im-
pôts. La cour d'Espagne accueillit avec joie
un tel hôte, et Henri IV, craignant de nouveaux embarras de ce côté, entra dans une
grande colère. Il fit venir de Thou, ami particulier de Condé, et lui demanda s'il ne connaissait rien du départ si précipité du prince;
de Thou protesta qu'il était étranger à cette
affaire et qu'il n'en savait pas plus que Sa
Majesté. D'ailleurs, il ajouta qu'il ne croyait
pas que le prince eût de mauvaises intentions

et songeât à rien faire, qui pût offenser le roi. Il était parti si précipitamment, que Lefebvre même n'en avait rien su et ne cessait de pleurer. Le roi, qui savait que Lefebvre était borgne, voulant cacher sa colère sous une raillerie, répondit que quelles que fussent ses larmes, il était bien sûr qu'il n'avait pleuré que d'un œil. Ensuite il renvoya de Thou (1).

De ce moment, date, pour le Président, une |disgrâce mal dissimulée et à laquelle il ne voulait point croire.

Abandonné en France et privé de l'appui du roi, de Thou fut condamné par la Congrégation, qui crut pouvoir enfin le faire, sans manquer de prudence.

Le 14 novembre 1609, parut un édit du maître du sacré Palais, portant condamnation contre plusieurs ouvrages, parmi lesquels l'*Histoire de J.-A. de Thou*. Voici ce décret traduit de l'italien, sur le manuscrit et sur l'Index Romain, imprimé à Madrid, en 1667.

(1) Voir Rigault. Suite de l'*Hist. de J.-A. de Thou*, liv. III.

« La lecture des livres dangereux étant une occasion de scandale et la source d'une infinité de maux, reconnaissant cependant qu'il s'en répand toujours de nouveaux dans le public qui portent ce caractère, nous F. Louis Ystella de Valence, de l'Ordre des Frères Prêcheurs, notifions à tous les fidèles que, depuis notre dernier édit, publié le 7 septembre de la présente année 1609, nous avons défendu et suspendu respectivement la lecture des livres suivants :

« De potestate Papæ, an et quatenus in reges et principes sæculares jus et imperium habeat, Gulielmi Barclaii, liber posthumus, anno 1609.

« Jacobi Augusti Thuani Historiæ.

« Oratio M. Antonii Arnaldi advocati in Parlamento Parisiensi, etc., habito 4° et 3° Idus Julias. » Ce plaidoyer est prohibé de même que les opuscules qui s'y trouvent joints, savoir : « Arrestum contra Joannem Castellum, Joannis Passeratii præfatiuncula in disputationem de ridiculis. Lugduni Batavorum, ex officina Ludovici Elzeverii, anno 1595. »

« A ces causes, par ordre des II. et RR.

Seigneurs les Cardinaux de la Sacrée Congrégation de l'Inquisition universelle de Rome,
nous ordonnons et enjoignons à tous li-
braires et autres personnes, de quelque qualité et condition qu'elles soient, qu'ils aient
à remettre à notre office de la sainte Inquisition tous et chacun des livres spécifiés
ci-dessus, qu'ils pourraient avoir en leur
possession..... Autrement, outre l'offense
qu'ils commettront envers Dieu, qu'ils sa-
chent qu'ils encourront, *ipso facto*, l'excommunication majeure, *latæ sententiæ*. Et s'il
vient à notre connaissance que quelqu'un
ait contrevenu au présent édit, il sera procédé
contre lui, suivant la rigueur des Sacrés
Canons et des règles de l'Index Romain.

« Donné à Rome, dans le palais apostolique,

« Fr. Louis YSTELLA,
« *Maître du sacré Palais.*

« Étienne SPADA, *substitut*,
« pour Paul SPADA, *notaire.*

« Le sus-dit édit a été publié et affiché
aux portes de l'église du Prince des Apôtres

et dans les autres lieux ordinaires, le 14 novembre 1609, par moi, Dom. de Rubeis, curseur de N. S. P. le Pape.

« Christophe FUND., *maître des curseurs.*

« A Rome, de l'imprimerie de la chambre apostolique, 1609 ».

V

Le décret condamnant l'Histoire de J.-Aug. de Thou (1) prohibait en même temps le dis-

(1) Philarète Chasles, dans son *Essai sur de Thou* (Op. cit., p. 270) se montre sévère à l'excès pour le décret de l'Index : « La cour de Rome, mal conseillée, ne tarda pas, dit-il, à mettre le sceau à cette injustice. Le 14 novembre 1609, le maître du sacré Palais lacère publiquement, sur les degrés du Vatican, l'ouvrage de tout le siècle, où la sagesse, la tolérance et le dégoût des factions ont laissé la plus noble empreinte... Ce fut entre le plus grand géomètre du seizième siècle et ce malin Erasme, le Voltaire des Théologiens, que l'*Histoire universelle* fut mise à l'Index. »

On se représente difficilement le maître du sacré Palais lacérant les in-8° et les in-folio, dont se composait l'œuvre de J.-A. de Thou. La chose se passa d'une façon beaucoup plus simple : « J'ai été assuré qu'autre censure n'a été faite qu'en un feuillet imprimé, intitulé :

cours d'Arnauld, contre les Jésuites et en
faveur de l'Université, avec les opuscules y
annexés et, ce qui était une grave imprudence, l'arrêt contre Jean Chastel (1).

La cour de Rome avait cru pouvoir agir
sans ménagements et, par un coup d'éclat,

Editto del Maestro del sacro Palazzo, où sont ces mots :
Jacobi Thuani Historiæ, lequel feuillet est seulement
affiché à la porte du palais. » Ce sont les paroles du
cardinal de La Rochefoucauld, dans sa lettre à de Thou,
datée de Rome le 10 juillet, probablement 1610.

L'*Histoire universelle* fut condamnée avec un certain
nombre d'autres ouvrages, non pas « entre Erasme et Ga-
lilée », mais bien entre Guillaume Barclay et Jean Maria-
na, de la Compagnie de Jésus. Telle est la simple vérité.

(1) Rigault dans la suite de l'*Histoire de J. A. de Thou*,
l. II, parle ainsi de cette condamnation : « Les censeurs
Romains trouvèrent mauvais que l'arrêt du Parlement
eût condamné le sentiment de Jean Chastel qui niait que
Henri IV, après avoir fait abjuration entre les mains des
évêques, qui l'avaient réconcilié avec l'Eglise, y fût véritablement réuni, avant d'avoir reçu l'absolution de Sa
Sainteté. »

On lit, dans le *Mercure François*, t. I, nº 376, édition de
Paris, 1611, in-8º : « Cette censure a donné depuis
subjet à beaucoup de personnes de parler : on en a fait
diverses plaintes en France et escrit qu'il la fallait la-
cérer à cause de l'arrest contre Jean Chastel qui y étoit
inséré : arrest digne d'estre regravé en lettres d'or pour
donner crainte à de tels assassins. Bref, c'est vouloir faire
aveugle toute la France. »

affirmer son indépendance, vis-à-vis du Roi et de son Parlement : elle faillit s'en repentir, car cette condamnation lui attira de grands embarras. Depuis longtemps, le Parlement supportait avec peine l'intervention du Pape, dans les discussions entre Gallicans et Ultramontains ; il n'acceptait ses décisions qu'après les avoir examinées et souvent les rejetait, comme contraires aux droits du pouvoir royal. Grande fut l'émotion au sein de cette assemblée, quand on y apprit la condamnation de J.-A. de Thou et surtout la censure de l'arrêt contre Jean Chastel : c'était, disaient les exaltés, une injure à un de leurs collègues les plus distingués et un empiètement sur leur droit.

Les mécontents s'agitaient et cherchaient un chef, Servin se mit à leur tête et profita de l'occasion, pour défendre tout à la fois des doctrines qui lui étaient chères et l'œuvre de son ami. Sur ses conseils, le Parlement décida qu'il déclarerait, par arrêt, l'édit du Pape abusif et contraire aux canons, et qu'il le ferait déchirer et brûler en place publique, par la main du « ministre de Justice ». Singulière

prétention d'une assemblée purement judiciaire, d'une assemblée laïque s'élevant contre
les décisions du Saint-Siège et se permettant
de les déclarer contraires aux canons. Il y
avait là un danger grave, qu'il fallait écarter.
Le nonce, qui était alors l'habile et énergique
Ubaldini, connaissant l'état de certains esprits
remuants, à la cour et au Parlement, avait es-
sayé de dissuader le Pape, d'ouvrir de nouveau les hostilités, dans des conditions
défavorables. Malgré ces conseils prudents,
Paul V et le cardinal Borghèse avaient passé
outre. Ubaldini ne faillit point à son de-
.voir, il se rendit, sans retard, chez le chancelier et, là, dissimulant ses inquiétudes et
ses craintes, il affecta de croire que le Parlement n'avait d'autre intention, en protestant contre l'édit de la Congrégation de
l'Index, que de donner satisfaction au président de Thou (1).

(1) « Ces bruits, dit le Nonce, ne m'inquiètent pas,
la piété de Votre Excellence prévaudra contre l'impiété
de quelques hommes et ne permettra jamais qu'on en
vienne à une action si irrévérencieuse et de si grave
préjudice à l'autorité pontificale, pour une chose surtout
qui n'a pas d'exemple, dans les temps passés, où il

Le chancelier promit de faire tous ses
efforts, mais il fut impuissant à arrêter le
Parlement ; il fallut avoir recours au Roi.
Henri IV avait été blessé de la condamnation
de l'arrêt contre Jean Chastel ; il ne le dis-
simula point et réprimanda assez vivement
de Brèves, son ambassadeur à Rome, de ne
l'avoir point empêché. Il fit les mêmes
reproches à de Givry et aux autres cardinaux, qui défendaient les intérêts de la
France, et porta même, jusqu'au Pape, ses
plaintes et l'expression de son mécontent-
tement. Néanmoins, voyant que le Pape
n'était pas disposé à céder, et voulant éviter
un conflit, qui pourrait devenir grave, au
moment où les doctrines régaliennes et parlementaires, défendues en Sorbonne, par
Richer, au Parlement par de Harlay, Servin et de Thou, commençaient à donner
des inquiétudes à la cour de Rome, il crut de
sa politique d'étouffer l'affaire ; il fit donc

s'agit de l'intérêt d'un particulier, sans toucher à celui
du Roi, ni du Parlement et dans un temps, où la meilleure intelligence régnait entre Sa Majesté et Sa Sainteté. » (Cité par Perrens. *Op. cit.*, I. p. 342.)

donner l'ordre au Parlement de ne rien tenter,
pour le moment. En même temps, sachant que
de murmures cette défense allait provoquer
dans l'assemblée, le Roi négocia, auprès du
Pape, pour arriver à une entente amiable. On
partagea le différend, et comme la censure
de l'arrêt contre Chastel était au fond ce qui
offensait le plus le Parlement, Henri IV ne
s'arrêta pas qu'il n'en eût obtenu le retrait.
Quant à la condamnation de J.-A. de Thou,
il n'était pas disposé à permettre que, pour
un intérêt privé, on continuât les a ttaques
contre l'édit de la Congrégation.

Le pape Paul V résista un peu, car il
trouvait l'expédient peu honorable, pour son
autorité, mais, devant la volonté bien arrêtée
du Roi, il céda pour maintenir le bon accord.
On convint donc que le maître du sacré Palais
publierait un nouvel édit, qui comprendrait
de nouveaux ouvrages, sans mention aucune,
ni du discours d'Arnaud, ni de ses annexes,
ni de l'arrêt contre Chastel, mais où le nom
de J.-A. de Thou serait conservé. En même
temps, le Pape, comprenant que c'était trop
peu d'un Cardinal, pour représenter Sa Ma-

jesté très Chrétienne, dans la Congrégation du saint office, adjoignit à de Givry le cardinal de la Rochefoucauld, « trop vertueux pour n'être pas admiré à Rome et trop médiocre pour y être redouté », dit malicieusement M. Perrens, qui, en cela, va contre les données de l'Histoire (1).

Le 30 janvier 1610, c'est-à-dire après deux mois de négociations, parut le nouvel édit du maître du sacré Palais. Il comprenait les mêmes ouvrages que l'édit de 1609, sauf

(1) François de la Rochefoucauld, né à Paris en 1558 et mort dans cette ville en 1645. était un prélat très distingué. D'abord évêque de Clermont, il fut favorable à la Ligue, mais dès que Henri IV eut fait son abjuration, il fit sa soumission. Henri IV comprit son mérite et le prévint de ses faveurs. Il le nomma commandeur de l'Ordre du Saint-Esprit et obtint pour lui, de Paul V, le chapeau de cardinal. La Rochefoucauld fut compris dans la promotion du 10 septembre 1607. Elevé par les Pères Jésuites, au collège de Clermont, il défendit toujours les doctrines ultramontaines. Le choix du pape Paul V était donc un choix habile qui donnait à la fois satisfaction aux Théologiens de Rome et ne pouvait qu'être agréable à Henri IV.

La Rochefoucauld se lia intimement avec Bellarmin, dont il partageait les sentiments.

Après son retour en France (1613), il assista aux états généraux de 1614. il y proposa en vain la réception des

le discours d'Arnaud et les opuscules annexés. « Tout le monde était content, sauf
de Thou, aux dépens de qui se faisait la
conciliation. Il était mécontent du Roi qui
l'abandonnait, sans lui ôter son estime, des
ministres qui ne l'avaient pas soutenu, du
Nonce dont il devinait l'inimitié, du saint
office qui transformait en hérésie des doctrines reçues en France. Ubaldini aurait
voulu qu'il reconnût ses erreurs, qu'il les fît

décrets du Concile de Trente. L'année suivante, du
moins, il les fit recevoir, dans une assemblée générale
du clergé.

Nommé évêque de Senlis, puis, à la mort de Du
Perron, grand aumônier de France, il jouissait d'une considérable influence sur le clergé. En 1622, il devint
président du conseil d'Etat, mais il se démit de cette
fonction, pour ne plus s'occuper que de la réforme des
ordres religieux. On lui doit l'établissement de la congrégation de Sainte-Geneviève, connue sous le nom
de Congrégation de France. Ce fut dans cette abbaye,
qu'il termina ses jours.

On ne peut lui contester de grandes et rares qualités,
d'éminentes vertus. Il rendit à l'Église d'importants
services.

On a de lui quelques ouvrages. Il est le fondateur de
la Bibliothèque Sainte-Geneviève. Son buste décore
aujourd'hui l'escalier qui conduit à la salle, où cette
bibliothèque a été transférée.

disparaître de l'édition nouvelle, qu'il désa-
vouât les éditions précédentes dans sa préface, qu'il les déclarât, tout au moins, imprimées avec incorrection et inexactitude,
non conformes au texte original. S'il y avait
consenti, peut-être l'eût-on reconcilié avec
l'Église, car l'Église y avait intérêt, ne
pouvant être insensible aux attaques d'un
magistrat de tant d'autorité, au sein du
Parlement. Mais de Thou, loin de prêter
l'oreille à toutes ses ouvertures, se refusait à toute correction de son œuvre, et écrivait, dans ce sens, à M. de Brèves. Il resta
donc condamné, seul mécontent, victime de
cette affaire que terminait un compromis,
inébranlablement dévoué au Roi et à l'État
comme aux doctrines où il voyait leur salut. »

Ce que M. Perrens donne comme un éloge
de J.-A. de Thou est précisément ce que
nous devons lui reprocher avec le plus de
sévérité : son obstination et son refus de
donner satisfaction à la cour de Rome (1).

Ce n'est pas faire le panégyrique du pré-

(1) Perrens, *Op. cit.*, t. I, p. 350.

sident que de rappeler son attitude si peu
respectueuse vis-à-vis du pouvoir ecclésiastique. Il n'y a rien là d'honorable, pour un
homme qui veut vivre et mourir en bon
catholique, dans la religion de ses pères (1).

(1) « Vous savez, écrivait-il à Du Perron, le 22 août
1601, que je n'ai jamais vacillé en la religion de mes
pères, c'est-à-dire en la catholique, en laquelle je veux
vivre et mourir. »

TROISIÈME PÉRIODE

1610-1611

I

Toutes ces questions n'avaient fait aucun
bruit ; elles avaient été agitées dans un petit
cercle de théologiens et de diplomates, et
pour en retrouver la trace, il faut parcourir
les lettres d'Ubaldini, la correspondance de
J.-A. de Thou et les notes diplomatiques
échangées entre Rome et Paris. Le public y
restait absolument étranger. Cependant quelques esprits inquiets et chagrins profitèrent
de l'occasion, pour accuser les Jésuites d'être
les auteurs de la censure portée contre de
Thou, et d'avoir, pour cela, employé tout
leur crédit et toute leur influence sur la
cour de Rome. De Thou, lui-même, n'était
pas étranger à ces rumeurs : dans ses lettres

à Dupuy, il insinue, à plusieurs reprises,
que ses plus grands ennemis sont « ceux de
l'ordre de celui qui est chargé de l'affaire à
Rome »; il va jusqu'à dire ce que ce sont eux,
qui mènent toute la campagne contre lui.

Le *Mercure françois* (t. I, p. 376, édition de
Paris, 1611, in-8) dit que « le cardinal Bellarmin, qui estoit à Rome et premier de l'Inquisition, fut un des principaux à poursuivre
une censure de livres et n'oublia à y faire
mettre tout ce qui avait été fait contre les
Jésuites, dont l'édit en fut publié le neu-
vième de novembre de cette année 1609 ».
C'était donc une opinion assez répandue,
que les Jésuites avaient trempé dans cette
affaire; l'on ne manqua pas de leur en
faire un crime, mais eux prétendaient que
c'était une erreur et qu'ils n'étaient pour
rien dans la chose. Le P. Richeome, assis-
tant Jésuite, à Rome, dans une lettre à de
Thou (22 juin 1610), se plaint de cette
accusation, et proteste que personne, parmi
eux, n'a « ni procuré, ni pensé de procurer aucune censure de son œuvre et que
ce qu'on a fait a été fait à leur insu ». Il

ajoute que cela vient de l'animosité de leurs adversaires, qui sont toujours prêts « à nous mettre aux rangs, en toute mauvaise lice, afin de nous rendre odieux à chacun ».

Loin d'être hostiles à de Thou, ils souhaitaient, tout au contraire, que son Histoire fût reçue « par tout l'univers, pour l'honneur de la France ». « Nous espérons, dit-il, que notre désir sera facilement accompli, par votre prudence, qui pourra sagement donner l'éponge et la lime à ce qui aura pu offenser et s'advisera toujours de tenir bon la cause de Dieu, et défendre à tout rencontre l'honneur de son Église, ne donnant à personne cause légitime de mordre et médire. Vous aurez récompensé de cet office devant Dieu et de l'honneur devant les hommes. »

Des négociations étaient déjà entamées pour obtenir, de J.-A. de Thou, les corrections nécessaires. Les Pères Jésuites Richeome et Laurin, au témoignage de Ribère (1) s'offraient à employer toute leur autorité, auprès du Souverain Pontife, pour obtenir le retrait

(1) Lettre du 23 juin 1610.

de la condamnation. Pour cela, il fallait que
de Thou consentît à retrancher certains passages de son livre et à modifier certains de
ses jugements. Il était facile, en effet, d'obtenir de la Congrégation, qu'elle retirât l'Histoire du président de la liste des ouvrages
prohibés. La censure avait été portée en
termes généraux (1) et ne visait, par consé-
quent, que quelques défauts du livre : il suf-
fisait de les faire disparaître, pour que la
censure n'eût plus de raison d'être. Le Pape
avait grand désir de concilier les choses, il
était prêt à tout faire pour y arriver; de son
côté, le cardinal Bellarmin que, à tort ou à
raison, l'on considérait comme le plus actif
adversaire de J.-A. de Thou, et quelques autres, avaient promis au cardinal de la Rochefoucauld « qu'ils prendraient la peine de
voir s'il s'y pourra trouver l'expédient qu'ils

(1) « La cour de Rome n'eut garde d'adopter ouvertement le jugement outré du clergé régulier, ni d'appli-
quer une condamnation particulière à toutes les propo-
sitions qu'il avait extraites. Elle se contenta d'une
condamnation vague et générale du livre, ce qui était
le parti le plus sûr pour éviter les discussions. » (Préface de l'Ed. de France, 1734.)

recherchent volontiers ». La Rochefoucauld, qui portait à toute cette affaire un grand intérêt, mettait tout en œuvre pour réussir, mais de Thou ne paraît pas s'être prêté de bon cœur à toutes ces négociations. Blessé de l'arrêt de l'Index (1), en disgrâce à la cour, il se renferme dans un silence obstiné et attend de la postérité ce qu'il appelle un jugement vrai.

II

Le Parlement n'avait point pardonné à la cour de Rome d'avoir condamné de Thou et, avec lui, divers auteurs, qui défendaient opiniâtrement les idées gallicanes et régaliennes. Trois hommes connus pour leur hostilité

(1) Un ami du président écrivait plus tard : « De Thou fut très sensible au procédé de la cour de Rome et en fit de grandes plaintes. On regardait encore alors, en France, comme quelque chose d'important et de fâcheux un décret de l'Inquisition, et un auteur catholique se croyait presque flétri, lorsqu'il avait le malheur de voir son ouvrage à l'Index. » (Préface de l'édition de France, 1734, publiée sous le titre de Londres, reproduite dans l'édition de Bâle, 1742, in-4°, t. I, p. VII.)

contre le pape, de Harlay, de Thou et Servin inspiraient alors cette assemblée, qui poursuivait et condamnait impitoyablement les auteurs coupables de défendre les doctrines romaines. Bellarmin (1) avait publié un ouvrage intitulé : « De la puissance du Pape », où il exposait ces doctrines. Les amis de J.-A. de Thou n'eurent pas de repos qu'ils n'eussent obtenu, du Parlement, un arrêt condamnant ce livre à être brûlé par la main du bourreau. Quelle fut la part que prit de Thou à cette condamnation? On ne sait. Le jour où l'arrêt fut porté, il s'abstint de siéger, fût-ce scrupule de conscience? ou, comme le dit Ubaldini, n'eut-il d'autre pensée, en quittant son siège, que de rappeler sa condamnaton? Le champ est ouvert aux hypothèses. Il y a une chose certaine, cependant, c'est que, sachant qu'on lui reprocherait d'avoir provoqué cet arrêt,

(1) Né dans les environs de Florence, en 1542, Bellarmin entra dans l'ordre des Jésuites en 1560. Il prêcha avec distinction, professa la théologie, composa un grand nombre d'ouvrages très estimés. Sa modestie était égale à sa science.

il ne fit rien pour l'empêcher et laissa agir ses amis. Il connaissait bien les mobiles de leur conduite et n'ignorait pas que, en frappant Bellarmin, ils avaient l'intention de se venger du président de la Congrégation de l'Index, bien plus encore que de défendre les doctrines gallicanes. Le livre de Bellarmin avait été publié plusieurs fois déjà, en France, et bien des auteurs, plus ultramontains que lui, faisaient imprimer leurs œuvres et les répandaient librement à Paris. Il parlait, du reste, du pouvoir du Pape en termes si modérés, qu'il avait failli être mis à l'Index, par Sixte-Quint.

Le Parlement n'y regardait pas de si près, et Bellarmin eut à la fois le tort d'être Jésuite, ultramontain et président de la Congrégation de l'Index : c'en était assez pour attirer sur sa tête les foudres usurpées des légistes. Le Nonce fit, mais inutilement, les plus actives démarches, pour empêcher la publication de l'arrêt. « Le 3 novembre 1610, M. le premier Président ayant eu avis que le Nonce du Pape et l'Evêque de Paris, assistés de quelques ecclésiastiques, étaient sur le

point de s'assembler, pour empêcher la publication et impression de leur arrêt, manda
à l'avocat du roi, Servin, qu'il usât de toute
diligence, pour le faire imprimer. Ce qu'il fit
avec une telle promptitude, que, dès le soir
même, la ville était remplie d'imprimés tant
en placards qu'en demi-feuilles (1). » Pour
plus de sûreté un courrier avait été envoyé
à Saumur, porteur d'une copie authentique
de l'arrêt, pour l'y faire imprimer, sous les
yeux des protestants, qui tenaient alors leur
assemblée dans cette ville (2).

Il fut impossible de faire revenir le Parlement sur sa décision. Ubaldini eut beau
menacer de rompre les rappports diplomatiques entre Rome et la France, il ne put
rien obtenir de son obstination. A Rome,
on fut mécontent, ce qui devait être, et l'on
vit, dans i'arrêt du Parlement, une sorte de
représaille ; on disait même tout haut que
de Thou l'avait provoqué (3). Le Père Ri-

(1) L'Estoile, *Journal de Louis XIII*, p. 642.
(2) Ubaldini, 4 décembre 1610.
(3) Une lettre de J.-Aug. de Thou, sans date, adressée
à Melchior Goldast et publiée par Buckley (au t. VII

cheome adressa une lettre à ce dernier, pour lui exprimer tout à la fois, et sa surprise de l'arrêt et sa conviction que le président à mortier n'y avait point eu de part. Il exprimait aussi l'espérance que ce contre-temps n'arrêterait point l'œuvre commencée, il engageait même de Thou à confier l'examen de son Histoire à « quelques docteurs par delà qui l'advisassent de ce qu'ils estimeraient devoir être limé en cette histoire ».

Le cardinal de la Rochefoucauld faisait travailler à la correction de l'Histoire de J.-A. de Thou, se proposant de lui soumettre ce

de l'édition de Londres, 1733, *Illustrium vivorum de Thuani Historia Judicia*, p. 39), parait donner raison à ces soupçons, elle établit du moins, que de Thou combattit vivement Bellarmin. Pour contre-balancer l'effet produit par le livre du savant Cardinal, il recommande de réimprimer les œuvres de Guillaume Occam. « De tous les auteurs, dit-il, il n'en est aucun qui fournisse de plus utiles renseignements, pour connaître jusqu'où s'étend la puissance de la papauté. » Il donne même des ordres, pour qu'on en fasse une édition très soignée, très bien imprimée et sans nom de la ville ni de l'imprimeur. Il ne faut pas oublier que les œuvres de Guillaume Occam avaient été plusieurs fois condamnées par l'Église. De Thou, on le voit, fait peu de cas de ces condamnations.

travail. Dans ses lettres, il le suppliait, au nom de leur affection, de se prêter à un arrangement à l'amiable, mais c'était peine perdue, il eut beau le presser, lui répéter qu'à Rome tout le monde appréciait son mérite, que ce qu'on lui demandait était peu de chose (1), de Thou ne voulut rien céder. Il se répandait en plaintes sur la forme de la censure qui, à son avis, était indéfinie et tombait plutôt sur sa personne que sur ses écrits. La Rochefoucauld n'obtint rien et les espérances qu'il fondait, sur la bonne foi de de l'historien, furent absolument déçues.

« Voilà comment de Thou a conservé, dans les deux premières parties de son Histoire, les divers passages justement incriminés. L'esprit qui avait présidé à la rédaction de ces deux parties, devait naturellement se retrouver, dans la continuation de l'ouvrage : esprit de défiance, de critique, d'hostilité

(1) Lettres du 29 janvier, 21 mars, 23 juin Ses amis disent ouvertement « qu'il eut de quoi se consoler de l'injustice du tribunal qui avait prétendu le flétrir lorsque, dans la suite, le Parlement condamna le livre de Bellarmin sur la puissance du Pape. » (Préface de l'édition de Bâle, 1742.)

même à l'égard de Rome, de dénigrement
envers les papes, d'opposition à l'endroit du
concile de Trente, esprit d'indulgence en ce
qui regardait la réforme, esprit de complaisance, quand il n'était pas porté jusqu'à
la passion pour tout ce qui touchait à ce
qu'on appellera plus tard le gallicanisme et
même le gallicanisme parlementaire (1). »

On ne peut que souscrire à ce jugement.
Qu'il soit permis, cependant, d'insister un
peu plus sur le gallicanisme de J.-A. de
Thou : Gallicanisme n'est peut-être pas le
mot propre, de Thou est parlementaire, il
est gallican surtout pour les besoins de sa
cause. Héritier des préjugés des anciens légistes, les parlementaires exagéraient les
droits du roi au détriment de ceux du Pape,
le gallicanisme semblait favoriser cette doctrine et lui prêter des armes, c'est pourquoi
les parlementaires s'en emparèrent; mais il
ne faut pas oublier que le gallicanisme n'est
pour eux qu'une question secondaire, ils
sont césariens avant d'être gallicans.

(1) Féret, *le Cardinal Du Perron*, p. 492, Didier, in-12.

QUATRIÈME PARTIE

~~~~~~

DERNIÈRES ANNÉES DE J.-A. DE THOU

———

A la mort d'Henri IV, de Thou avait re-
conquis toute son influence, grâce à la protection du prince de Condé. Quand Sully,
l'ennemi de Condé, fut éloigné de la cour, on
lui donna trois successeurs, pour le manie-
ment des finances : ce furent Châteauneuf,
de Thou et Jeannin, ce dernier, avec le titre
de contrôleur général, avait presque toute
l'autorité. Mais la malencontreuse condamnation du livre de Bellarmin, par le Parlement, nuisit beaucoup à de Thou. La régente,
Marie de Médicis, voulait entretenir de bons
rapports, entre la France et le Saint-Siège :
elle fut blessée de cette condamnation, qui
lui attirait de nouveaux embarras. A tort

ou à raison, de Thou en fut rendu respon-
sable. D'ailleurs, il faut croire qu'il mon-
trait des prétentions exagérées et il résistait
même au prince de Condé (1). Son attitude,
vis-à-vis de Rome, était toujours aussi hau-
taine, et Ubaldini ne pouvait rien obtenir;
pas plus que de Harlay et Servin, de Thou
ne cachait son hostilité contre le Saint-
Siège. Ces trois hommes étaient les chefs
reconnus du Parlement. Ubaldini, sentant
combien cette situation était fàcheuse pour
Rome, profita de son influence sur Marie de
Médicis, pour la faire cesser.

« Harlay se voyait chargé d'ans, affligé de
goutte, intéressé en sa vue et son ouïe (2). »
Il résolut de vendre sa charge, espérant que
de Thou lui succéderait. La reine, s'étant
engagée envers lui, Condé devait soutenir
sa candidature, de Thou se croyait assuré
du succès et, dans le principe, ne faisait
aucune démarche. Cependant ce choix eût
paru singulier au pape Paul V, et il aurait

(1) V. Lettre au président Jeannin.
(2) L'Estoile, *Journal de Louis XIII*, p. 548.

été scandaleux que la première présidence
du Parlement fût dévolue à l'auteur d'une
Histoire mise à l'Index. La reine, pressée par
Ubaldini, consentit à l'écarter, et Condé lui-
même, dépité de ne pas trouver le président
toujours docile, abandonna cet *esprit mal
aisé à gouverner*. On craignait, avec raison,
que, si de Thou était mis à la tête du Parlement, on ne fût perpétuellement en lutte
avec le Saint-Siège. Ubaldini le fit comprendre et, dans l'intérêt de la paix, on
nomma premier président Nicolas de Verdun,
alors président du Parlement de Toulouse.
C'était un magistrat doux et affable. L'Estoile
l'appelle « un catholique romain à la Jésuite », mais il est forcé de reconnaître qu'il
avait su éviter même le soupçon d'avarice,
et que c'était un homme « docte, capable,
suffisant pour une grande charge (1) ». Les
parlementaires eurent beau faire, Marie de
Médicis leur répondit : *Non faro mai*, et
de Verdun fut nommé premier président
(1611). Le coup fut très sensible à de Thou,

(1) *Journal de Louis XIII*.

qui avait fait tout son possible, pour l'écarter.
Dès qu'il s'en était vu menacé, il aurait, au
rapport d'Ubaldini, changé d'allures, marqué
plus d'égards aux Pères Jésuites, fréquenté
plus souvent les églises et les sacrements à
ce qu'attestaient les *Capucins et autres per-*
sonnes pieuses. Il ne rompait cependant pas
avec ses amis parlementaires et protestants,
il ne corrigeait rien à son Histoire, il la
faisait réimprimer, sans donner satisfaction à
l'Index, il restait donc à juste titre suspect
au Pape et aux catholiques. Il fut vaincu
dans la lutte et ne se consola pas de cette
défaite. Dans une lettre au président Jeannin,
dont les sentiments religieux étaient aussi
appréciés que les talents, de Thou fait une
véritable apologie de sa vie et de son Histoire, sans essayer de cacher son dépit. « Il
ne sait s'il reparaîtra au Palais et à la Cour,
il craint d'écouter trop son ressentiment et
de faire quelque chose qui ne réponde pas
à sa vie passée. Il se plaint amèrement
de *l'injustice* qu'on lui a faite : toute une
existence passée au service du roi aurait dû
le préserver de cette honte, mais il apprend,

à ses dépens, que rien n'est plus fragile que
la faveur des princes.

Son Histoire est une des causes de sa
disgrâce ; elle est cependant loin de mériter
les reproches qu'on lui fait, car elle n'est
inférieure en exactitude à aucune de celles
qu'on admire le plus ; d'ailleurs, il n'ignorait
pas, en publiant cet ouvrage, quelle foule
d'ennemis il allait se créer, mais il ne croyait
pas que les choses dussent aller si loin. La
censure de l'Index lui est surtout à cœur (1).

(1) Voici ce qu'il en dit : « L'affaire a été aussitôt
portée à Rome. Après y avoir noirci l'historien, on
n'eut pas de peine à engager des censeurs chagrins.
à donner un mauvais sens à tout ce que j'ai écrit et
fait, à condamner en entier, sans garder les formes
ordinaires, mais seulement sur un préjugé de ma
personne, un ouvrage dont ils avaient à peine lu le
tiers. Toute cette manœuvre a été conduite à la sollicitation de certains nouveaux théologiens (les Jésuites
assurément) qui soumettent tout à leur tribunal. Ils
se flattaient dès lors qu'on rappellerait un jour cette
censure. lorsqu'il s'agirait de me placer dans le poste
où les gens de bien me souhaitaient. Le roi prit d'abord
ma défense, mais il se laissa ensuite gagner par les
artifices de ses courtisans. Abandonné en France, je
succombai facilement à Rome. » Buckley, dans la préface de son édition. fait observer que la condamnation
d'un ouvrage dont une partie seulement était publiée,

Il ne voit dans toute cette affaire que des
menées politiques, et il en parle en termes
très acerbes. « Il a été, dit-il, presque chassé
du Parlement et il est de la dernière ingra-
titude de refuser à un honnête homme, qui
a rendu des services considérables au roi et
au royaume, une dignité qu'on lui avait
promise et qui était due à ses travaux. » On
lui a préféré « un homme nouveau, un
homme dont la faveur est fondée sur l'injure
d'autrui et sur l'amitié indiscrète de quelques personnes, un homme qui l'a supplanté
par un trafic honteux, après mille délais
dont on l'a amusé ». On l'a nommé du
conseil des finances, mais c'était pour déguiser un peu sa disgrâce. D'ailleurs, ce qui,

donna occasion à de Thou de reprocher à ces censeurs
leur précipitation à juger un ouvrage, dont ils n'avaient
pas même lu le tiers : mais on peut répondre que le
procès fut pendant durant cinq années, et que le jugement de l'Index ne porte que sur ce qui avait paru.
D'ailleurs, ce que l'on condamne, dans de Thou, c'est
l'esprit de dénigrement envers Rome et les catholiques,
et, ce même esprit se retrouvant dans la suite de son
Histoire, les censeurs Romains ont malheureusement
trop bien pénétré les sentiments de notre historien.

d'ordinaire, est une récompense et un honneur, ne sert qu'à l'avilir et à l'humilier.
« Je serai donc réduit à passer ma vie à
faire des comptes et à mourir dans cet
exercice. Aurait-on cru que de Thou, nourri
dès l'enfance dans l'étude des lettres, que
les courtisans, dans les ruelles, appelaient,
par dérision, le philosophe, dut, dans un
âge avancé, passer des nobles fonctions de
la magistrature à un métier de finances? »
Quoi qu'on prétende, sa disgrâce est l'œuvre
des zélés et des nouveaux théologiens qui
écartent les politiques de toutes les fonctions, pour y mettre leurs amis; et la publication du concile de Trente, à laquelle on
songe, sera l'établissement de la puissance
du Pape, la ruine de celle du Roi, le retour aux plus mauvais temps de la Ligue.
« Le seul parti qu'il me reste à prendre,
dit-il en finissant, est de mener désormais
une vie privée et, avant que la vieillesse se
soit appesantie sur moi, de chercher un sûr
asile dans l'étude. »
De Thou accuse tout le monde, il déna-
ture toutes les intentions, voit des ennemis

partout, et n'épargne pas plus la cour de
France que celle de Rome.

Il conserva, jusqu'à la fin, cette attitude de
mécontent; il reparut cependant au Parlement, mais son rôle désormais y reste assez
effacé. Néanmoins, il saisit toutes les occasions
de manifester son opposition aux doctrines
romaines; et quand Richer souleva, en Sorbonne et au Parlement, ces discussions qui
nécessitèrent l'intervention de la reine et des
évêques, de Thou était l'un des plus ardents
défenseurs du Sorbonniste anti-uitramontain
et césarien. L'opposition des politiques, un
moment déconcertée par l'acte de vigueur de
la régente, se réforma peu à peu; de Thou,
Servin et Richer en étaient les chefs : ils
furent vaincus, Richer fut condamné, de
Thou en prit son parti et vécu dans l'ombre,
jusqu'à sa mort. Après le premier moment
de colère et de découragement, il reprit ses
travaux littéraires, interrompus depuis six
ans. Il continua son histoire, avec l'intention
de la conduire jusqu'à la mort de Henri IV,
mais il n'en eut pas le temps, il s'arrêta à
l'année 1607. Nicolas Rigault, son ami,

acheva l'ouvrage, sur les notes qu'il avait
laissées.

Dans ces années de retraite forcée, de
Thou composa ses Mémoires, autobiogra-
phie, où il fait son apologie et repousse avec
vigueur toutes les accusations dont il était
l'objet (1). C'est, paraît-il, à l'année 1614,
qu'il faut les rapporter. Il avait rompu toute
négociation avec Rome, il ne songeait plus
à corriger son Histoire ; dans la nouvelle édition qu'il préparait et qui était sous presse,
il ne tenait nul compte du décret de l'Index.

(1) De Thou donne ces Mémoires pour l'œuvre d'un
ami : « J'ai fait voir, dit-il, l'innocence d'un illustre
accusé, mais il ne l'aurait jamais fait lui-même, il
n'aurait pas même souffert qu'on le fît. » La réflexion
paraît assez bizarre. L'auteur de la préface qui se
trouve en tête de l'édition de Bâle, 1742, quoique très
favorable au président, avoue que le déguisement de
l'auteur des Mémoires lui semble trop affecté : « De Thou
pouvait y parler, dit-il, avec dignité en tierce personne,
comme César a fait dans ses *Commentaires* ; mais il
devait, ce me semble, s'abstenir de faire illusion à son
lecteur en prenant trop le ton d'un autre écrivain que
lui, comme il le fait souvent. Ça été, sans doute, pour
augmenter cette illusion, et pour se déguiser davantage, qu'il s'est donné souvent des louanges dans ses
Mémoires. Je suis persuadé qu'elles coûtèrent beaucoup
à sa modestie ; il crut apparemment devoir la sacrifier

12

Nicolas Rigault, dans la *Vie de Pierre Dupuy*, nous a conservé les circonstances de la mort de J.-A. de Thou. Le chagrin que lui causa la mort de sa femme Gasparde de la Châtre, arrivée en 1616, hâta la fin de ses jours. Il fut, pendant neuf mois, malade d'un squire à l'estomac, et mourut le 7 mai 1617. On l'enterra, selon sa volonté, dans une chapelle de Saint-André-des-Arcs, où était la sépulture de la famille de Thou.

Son tombeau était l'œuvre de François Augier, l'un des plus habiles sculpteurs du

aux raisons supérieures qu'il avait de faire croire au public, que cet ouvrage n'était pas de lui, mais d'un de ses amis. » Les Mémoires sont en effet pleins de louanges, et l'on pourrait parfois croire qu'ils sont d'une autre main que celle du président. Mais, dans le manuscrit que l'on conservait dans la Bibliothèque du Roi, il y a quelques cahiers de l'Histoire — ceux qui renferment les vingt-deux premiers et les douze derniers livres — qui sont écrits de la main même de de Thou, et ces cahiers contiennent aussi des fragments des Mémoires. C'est une preuve sans réplique. De plus il y avait dans cette même bibliothèque deux manuscrits entiers des Mémoires, l'un de la main de M. de Thou, l'autre des frères de Sainte-Marthe; or ces deux manuscrits sont conformes, et sur le dernier il y a des corrections de la main de l'auteur.

dix-septième siècle : On y grava cette épi-
taphe :

*Jacobo Augusto Thuano, Christophori filio, in regni
consiliis adsessori, amplissimi senatus præsidi, litte-
rarum quæ res divinas et humanas amplectuntur
magno bonorum et eruditorum consensu peritissimo,
variis legationibus summa sinceritate ac prudentiæ
functo, viris principibus ævo suo laudatissimis eximie
culto, historiarum scriptori quod ipsæ passim loquuntur
celeberrimo, christianæ pietatis antiquæ retinentissimo.*

*Vixit ann. LXIII, mens. VI, dies XXIX. Obiit
Lutet. Paris. non. Maii CIƆ IƆC XVII.*

*Parcissime censuisse videtur qui tali viro sæculum
defuisse dixit.*

CONCLUSION

L'Histoire de J.-A. de Thou est une mine de documents, où doit puiser quiconque veut bien connaître le seizième siècle; on y trouve des renseignements, des indications précieuses, mais il ne faut pas oublier que trop souvent l'auteur manque aux lois de l'impartialité, dans ses jugements. Il cite toujours les autorités qu'il a consultées, et son témoignage n'a pas plus de valeur que celui des écrivains auxquels il s'en rapporte. Sa critique, en effet, est presque nulle, et il ne sait pas discerner le plus ou moins d'importance qu'il convient de donner à un auteur, selon ses tendances et ses idées connues. Au seizième siècle, la critique n'existait pas pour ainsi dire; tous ces grands savants étaient instruits de presque tout ce que les hommes peuvent connaître; mais, si leur témoignage est irrécusable quand il s'agit d'un fait, leurs jugements et leurs appréciations sont toujours discutables, et il faut souvent les modifier.

Cela est vrai de notre Historien, en particulier, car, en maintes circonstances, il écoute trop ses préjugés parlementaires et césariens, et consulte trop ses passions politiques. Chez de Thou, l'homme vaut mieux que l'historien, et, dans sa conduite privée, le président a mérité l'admiration de ses contemporains et de la postérité, par la beauté de ses sentiments et de son caractère. Si ses écrits portent quelquefois l'empreinte des passions, qui agitèrent son siècle, son zèle pour le bien public doit l'absoudre en partie de ce défaut, dont il lui était bien difficile de se garantir absolument. Ces passions, d'ailleurs, n'influèrent pas sur sa conduite : magistrat incorruptible, citoyen dévoué aux intérêts de son pays, sa fidélité pour ses princes fut inébranlable : « J'ai toujours été Français, disait-il avec raison, serviteur des rois et de ceux de la famille royale. »

En finissant, il est bon d'insister un peu sur les grandes qualités de J.-Aug. de Thou, sans oublier qu'à côté d'elles, nous avons signalé quelques défauts.

Les qualités de l'homme privé doivent non pas effacer les défauts de l'historien, mais nous rendre plus indulgents dans le jugement que nous devons porter sur son œuvre.

Vu et lu en Sorbonne, le 6 juillet 1881,

Le doyen de la Faculté de Théologie,

✝ H.-L.-C. *évêque de Sura.*

Permis d'imprimer.

Le vice-recteur de l'Académie de Paris.

Gréard.

N. B. La Faculté laisse au candidat la responsabilité des opinions émises en cette thèse.

PROPOSITIONS

I

L'Histoire de J.-A. de Thou suscita, dès le principe, des critiques et des admirateurs ; elle méritait les unes et les autres.

II

La Congrégation de l'Index était tout à fait en droit de condamner l'Histoire de J.-A. de Thou. car en parlant des Papes et du Saint-Siège, il est souvent partial et injuste.

III

Dans ses rapports avec la cour de Rome, il ne paraît pas avoir apporté une franchise absolue.

IV

Après sa condamnation, il eut le tort de ne vouloir pas accorder des corrections, dont il avait reconnu lui-même la nécessité.

PARIS. — L. DE SOYE ET FILS, IMPRIMEURS, 5, PLACE DU PANTHÉON.

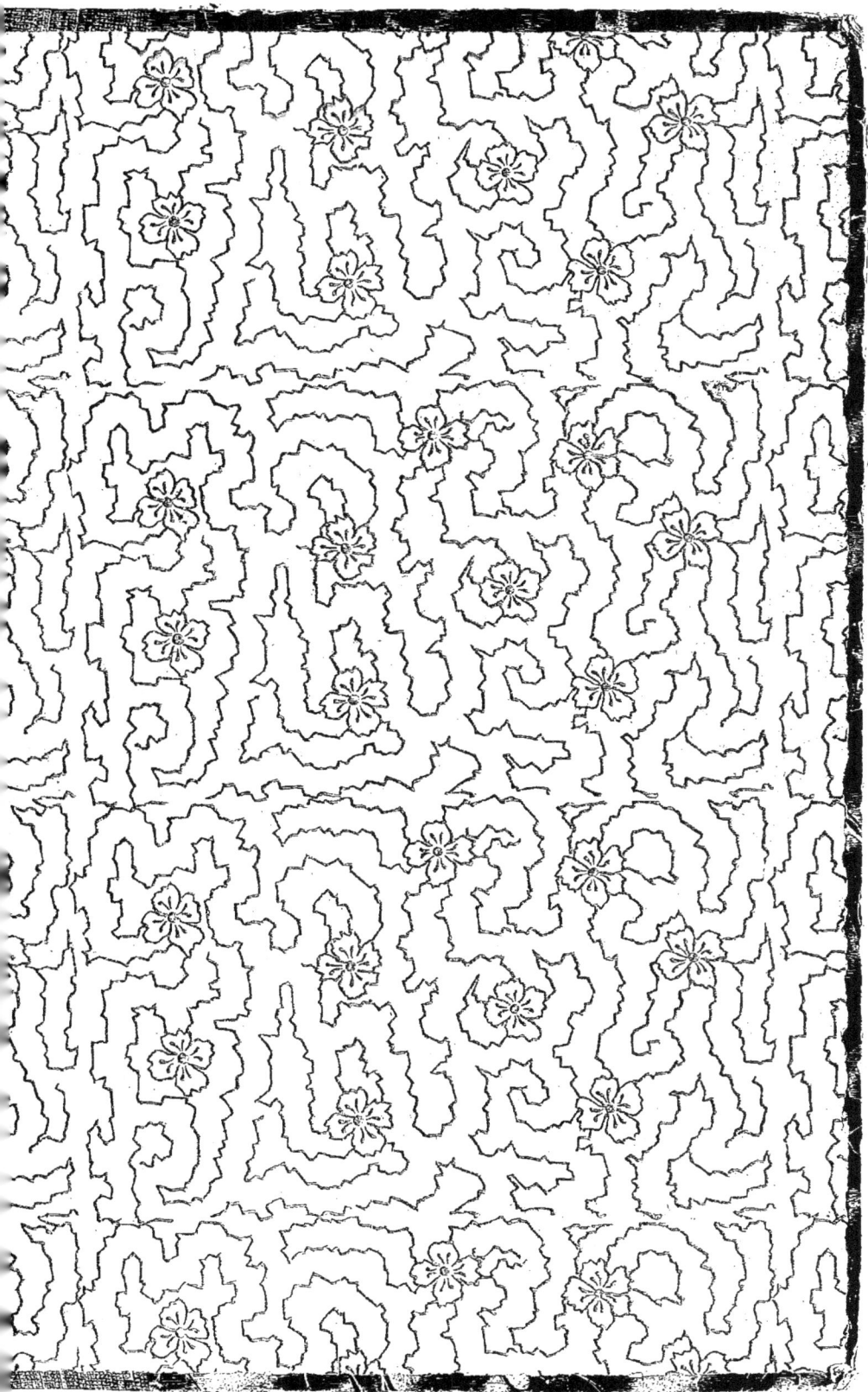

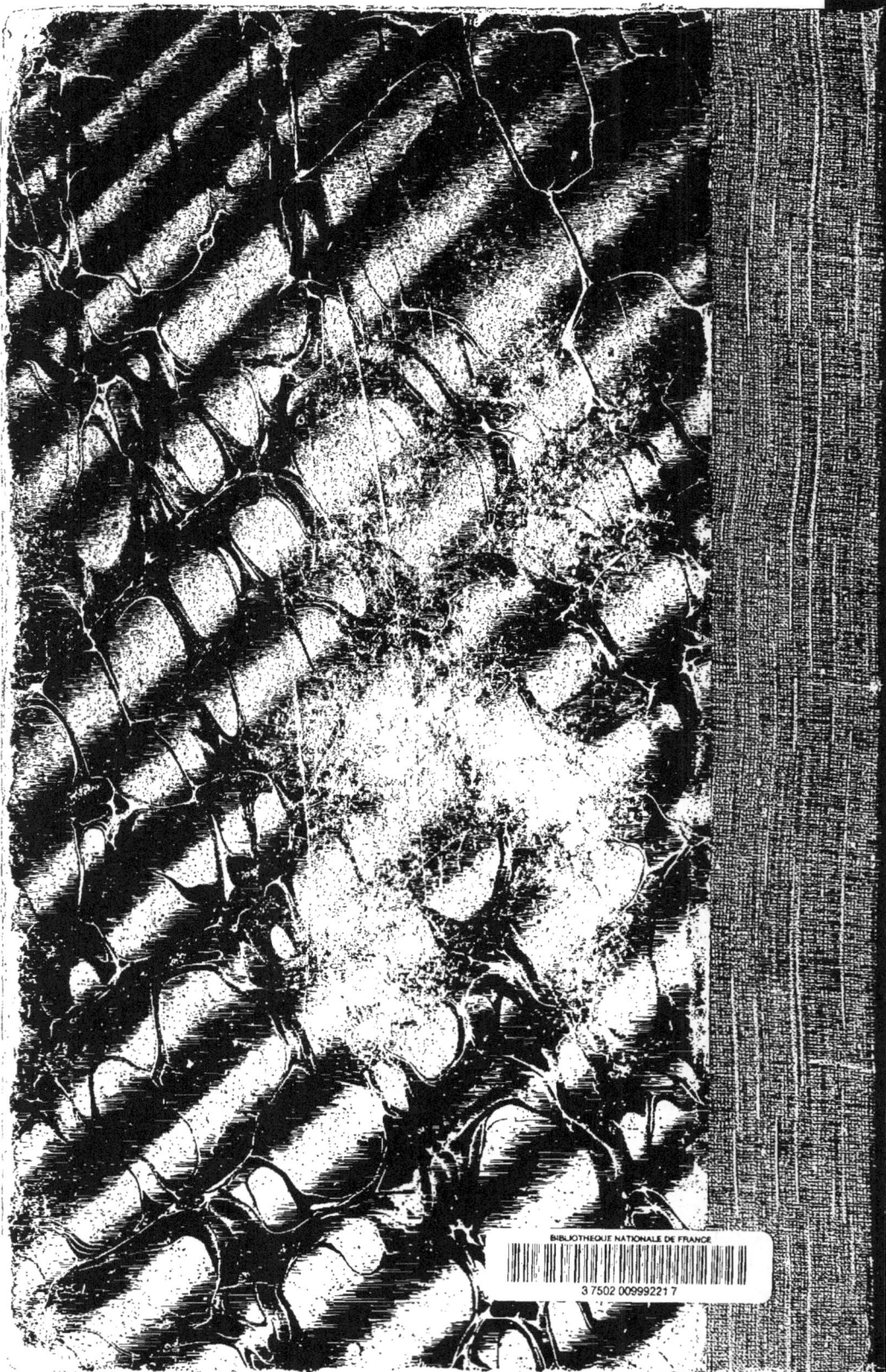

www.ingramcontent.com/pod-product-compliance
Lightning Source LLC
Chambersburg PA
CBHW071954090426
42740CB00011B/1934